《了凡四訓》顯化密碼

斷開命運鎖鏈，
全面升級財富、健康、
人際的關鍵練習

袁了凡 著　湯蕙華 白話　蔡嘉驊 繪

推薦序 從谷底翻身的改命見證／格蘭　007

第一篇・立命之學

1 遇見貴人，棄醫從政　012

2 命中注定，決定「躺平」　017

3 破除命運魔咒　021

4 善惡變現，子孫續命　027

5 畫鬼符，也要感動天地　032

第二篇・改過之法

1 「三心」護一生 050

2 低等改過法，從「事」與「理」 057

3 上流改過法，從「心」做起 063

4 停止犯錯，請益友、鬼神幫幫忙 066

5 改過五十年，仍覺有四十九年錯誤的男人 069

6 拔掉身上芒刺，跟惡兆說再見 073

6 善行日記，脫胎換骨 040

7 生命有常也是無常 045

第三篇・積善之方

1 上報所作所為，感動天地
2 體民所苦好官，享有無盡善果 078
3 惻隱之心，享福後世 082
4 鬼的耳語，激發善事因緣 087
5 通人情合法度，不當恐龍法官 092
6 誠心感動天 097
7 不當假善麻瓜，當個聰明真好人 103
8 行善的界線 107
9 善的真實面貌 113
121

第四篇・謙德之效

1 好運總是眷顧謙虛的人 152
2 小鮮肉也能忍受大屈辱 156
3 謙虛的容顏 159
4 皇天不負「苦」心人 163
5 當面光彩奪目的鏡子 166

10 變大變小都在一念之間 128
11 十個做善事的妙方（上） 134
12 十個做善事的妙方（下） 143

6 善心是無量的財富 168

7 從自我視角轉向俯瞰全世界 172

附錄一 〈準提咒〉的咒語及持誦方式 178

附錄二 雲谷禪師授袁了凡功過格（參雲棲大師自知錄）182

附錄三 功過格 197

> 推薦序

從谷底翻身的改命見證

格蘭修行日記 YouTube 頻道作者　格蘭

我在三十歲出頭時曾經遭遇職涯不順，極度貧困，心中感到自卑但又只會怨天尤人。每天上班就是逢迎諂媚，下班就是喝酒應酬。回到家後，又是一陣陣強烈的空虛感來襲，打開電視也不知道要看什麼。不會抽菸的我，還有樣學樣地買了一包「峰」的煙，躲在衣櫃當「closet smoker」（編按：不願承認的吸煙者）。

但在我還來不及體會煙味的快感,自己就快要被煙霧嗆暈,這時,電視無意間轉到了「華藏衛視台」,看到淨空法師正在講經說法。模糊之間一直聽到幾個關鍵字──「改變命運,心想事成」「了凡四訓」。當時在好奇心的驅使之下,上網搜尋「了凡四訓」到底是在說什麼。沒想到一看之後驚為天人,原來這是一本古人發現「改命」的理論後,親自勇猛實踐,並且在得到效驗之後寫出來做證明的一本奇書。

我驚訝的點主要有兩個:第一,這位「大學長」袁了凡先生距今並不算太遙遠,是大概五百年前的真人真事。再來,以前我們都聽過「命中都是註定好的」的說法,所以若真有所謂的「改命」,應該也是來生的事吧?此生我們也只能認命、躺平了,不是嗎?

還真的不是,書中了凡先生的命盤大概一年多以後就開始有所轉變,

008

而隨著他努力修持，命運也開始轉動，譬如：科舉考試從本來的第三名變成第一名、本來沒兒子後來有了兒子、壽命本來被算出只有五十三歲，後來也延壽至七十四歲。

當時，我帶著欣喜以及勇猛的心，努力依照《了凡四訓》以及淨空法師的教導去實踐，大約三年左右，工作運突然開始轉變，收入翻了近十倍。雖然人生還是考驗不斷，但現在回想起來，當時若不是遇見《了凡四訓》以及淨空法師，我可能是過不了那一關了。

《了凡四訓》原文畢竟是文言文，現代人閱讀時會有點難以理解，現在《了凡四訓顯化密碼》推出後，相信絕對能造福更多讀者，讓我們不論處在生命的哪一個階段，都能獲得真實利益。願所有有緣遇見本書的讀者，都能從書中找到自己當下需要的答案，一起改變命運，心想事成。

第一篇

立命之學

1 遇見貴人，棄醫從政

袁黃棄醫從政的歷程

童年失怙→母親勸其學醫救人→遇見孔先生宣稱命中註定當官→表哥沈稱推薦郁海谷當私塾老師→孔先生算定未來幾歲會補廩生、當貢生、擔任四川縣長，五十三歲過世命運。

袁了凡生於明朝嘉靖年間，祖居浙江省嘉善縣，原名袁黃。他自小就愛看書，因此號為「學海」，但家人要他承繼學醫志業，注定了他此生在學問和宿命間拉扯。

父親在我年紀很小的時候就過世了，家境並不富裕，母親勸我放棄科舉功名要我學醫，她對我說：「學醫可以養活自己，又能救濟病苦的人，而且如果精通醫術，還能成為一代名醫，這也是你父親一生的心願。」雖然我對知識充滿渴望，但為了一償父親心願，只好順從母親的安排。

然而，我的命運在十五歲那年出現了轉折點。

有一天，我如往常到慈雲寺採摘草藥，遇到有位蓄著長鬚的老人，看起來仙風道骨、氣質非凡，我對他畢恭畢敬地行禮。老人看了我一眼後，

第一篇・立命之學

便說：「年輕人，你命中注定當官，明年就會考上秀才進入學官（地方公立學校），為何還在四處遊盪，不好好讀書呢？」

於是，我就將母親要我放棄讀書去學醫的緣由告訴他，並請教老先生姓氏與來自何處？老人說：「我姓孔，是雲南人，得到宋代邵康節先生《皇極世書》的真傳，命中推算出是時候了，可將《皇極世書》傳給你了！」

他說的話讓我相當驚訝，因為邵康節先生可是宋朝第一神算子啊！

我聽了雖半信半疑，但在好奇心驅使下還是想了解，就請他算看看，看算得靈不靈？

他說：「好好招待他，既然他精通命數，就請他算看看，看算得靈不靈？」

一試之下，發現孔先生推算過去的大小事情都算得非常準確、仔細，母親讚嘆他就像個活神仙般靈驗。

014

於是我聽從孔先生的勸告，開始了讀書進入官場的想法。

我跟表哥沈稱商量，他告訴我，友人郁海谷先生正在沈友夫家中開設私塾，在那裡寄宿讀書很方便，於是我拜郁海谷先生為師，為明年的科舉考試做準備。

孔先生為我起數算命：「你明年縣考秀才是十四名，府考是七十一名，提學考是第九名。」

沒想到，我在次年的三次考試排名都和孔先生的預言一模一樣，母親便趕緊要我找孔先生推算終身的吉凶禍福。他告訴我，哪年參加考試考了第幾名，某年可以補廩生，某年當貢生，未來會擔任四川省的一個縣長，任職三年半後就會告老回鄉。

同時，他也預言我人生有兩個缺憾，一是短命，在五十三歲八月十四

第一篇・立命之學

日丑時（半夜一點到三點間）會壽終正寢，以及命中沒有子嗣。

袁了凡的人生自此開啟了新的旅程，學海和仕途共存。那位神祕的孔先生成為了他命運中的引路人。

☾ 2 命中注定，決定「躺平」

孔先生改變了袁了凡的學醫命運，卻也讓他的人生航程被預言牢牢困住，像是就此被固定在同一條軌道。

我將孔先生的推算一字一句仔細記錄下來，並且牢記在心。從那時起，每次考試成績一出爐，都一一驗證孔先生所算精準。唯獨有一點，就是他推算我從廩生（秀才的一個等級，可領國家發的米糧，相當於公費生）升到貢生（秀才的最高階級，有資格到太學讀書）發給的米糧，卻不太準確。

孔先生原本預測，我應該在領到米糧九十一石五斗的時候，才能補上貢生的身分。但出乎意料的是，在我領到七十一石時，學台（相當現今的教育廳長）屠宗師就提前批准我補上貢生。這一切，讓我開始懷疑孔先生的預測是否失靈了？

然而，後來另一位代理的學台楊宗師卻駁回我的請求，不准我補貢生。直到丁卯年，我三十三歲時，主持教育的長官殷秋溟重新翻閱考卷，看到我在考場中的備選試卷沒有考中，覺得非常可惜。

他說：「這五篇文章寫得太好了！有如上呈給皇帝的論政奏摺，怎麼能讓這樣有見識、有才華的讀書人被埋沒到老，當個窮秀才呢？」於是他就吩咐縣官，再次替我上呈公文補貢。

經歷了這番波折，直到我被批准正式成為貢生，連同我之前領的廩生

原以為～命中注定＝不用奮鬥？
其實是～心中注定＝浪費生命！

米，恰好正是孔先生所預言的九十一石五斗米。

這段經歷讓我更加堅信命運的安排，心也定了下來，相信一個人的吉凶禍福和貧賤富貴都是命中注定，走運的遲或早，強求不得，因此我看淡一切，對人事物都別無所求。

袁了凡在看破一切後，任憑自己在命運的小舟載浮載沉，這也使他的人生腳步從此停滯不前。

3 破除命運魔咒

袁了凡以為富貴貧賤都由命數決定。沒想到遇見雲谷禪師後,讓他深刻體會,一個人的「心田」,才是主宰人生命運的重要關鍵。

當時,貢生需依國家規定到北京的國子監(現今的國立大學)讀書一年,那時的我,只要一有空閒時間就是發呆靜坐。我想著,人生既然一切都是命定,那就什麼事也懶得做,也不想讀書求上進。

第二年,我再從北京回到南京的國子監讀書,在尚未入學前,先到棲霞山拜見一位得道高僧雲谷禪師。參訪時,他要我先行靜坐,我與禪師倆

021　第一篇・立命之學

人在禪房中對坐了三天三夜，我都未曾閉眼，也未說一句話。

禪師看了以後，訝異我有如此高的定力，便問：「凡人之所以無法定下心來靜坐，是被妄念、執著所束縛，但是你靜坐三天，都未見你有一絲動搖，這是什麼原因呢？」我便將之前給孔先生算命的經歷告訴禪師，又說二十年來的成功失敗，甚至未來的生死大事，都已被命運決定好了，就算我要癡心妄想，也都已經是白想的了！

沒想到禪師聽完，卻哈哈大笑地說：「我原先以為你是一位才智出眾的豪傑，原來不過是一個庸庸碌碌的平凡人而已！」

我不明白禪師的意思，便追問原因。

禪師對我說：「一個人，若不能去除那像陀螺不停亂轉妄動的心，終究會被命運所牽制。什麼樣的人會超越命運？就是沒有妄念的人，才不會

被命運所拘泥。如果是一個極善的人，時時心存善念、常常做好事，就能夠遠離禍患而得到福報，所以他的命算不出來；極惡的人，常存惡念，時常做壞事，自然會折損福報而招致禍害，這樣命運也會產生變化。你二十年來的命運被孔先生算定，你卻始終不曾把命數轉動一分一毫，難道不是平庸的凡人嗎？」

我便向禪師請教：「照您這麼說，難道命運是可以逃避的嗎？」

禪師說：「命是由我作，福是由自己求，這是古聖先賢書裡的訓示。在佛教經典裡就曾明示，一個人要求富貴就得富貴，要求兒女就得兒女，要求長壽就得長壽。只要做善事，命運就無法拘束他了！說謊向來是佛家的大戒，你可曾見過佛菩薩會亂說假話騙人嗎？」

我聽了仍心存疑問，「孟子曾告訴我們，凡是能求得到的，必定是任

023　第一篇・立命之學

一個人，若不能去除那像陀螺不停亂轉妄動的心，
終究會被命運所牽制。

我心裡能做到的事。譬如，道德仁義全是來自於我的內心，所以我立志成為有道德仁義的人，必定是靠自己努力修為就可以得到。但是功名富貴是身外之物，都是必須靠別人的賞識、提拔，別人若不給我，就無法得到，又該如何能求到呢？」禪師回應，孟子說的話沒錯，但是我理解錯了。

六祖惠能禪師曾說：「一切的福田，都離不開我們的心。」種福種禍全在自己內心，只要內心清淨，不僅可成就道德仁義，身外的功名富貴也能隨之而來。內在修養與外在福祿同時具足，這種求法才真正有益於獲得，才能稱得上圓滿。

這時，袁了凡才深深感受到過去的自己，有如蝸牛背著沉重命運的殼，以致人生腳步前進得如此緩慢。

袁了凡深深感受到過去的自己，
有如蝸牛背著沉重命運的殼，
以致人生腳步前進得如此緩慢。

4 善惡變現，子孫續命

當理解到行善作惡會改變自身命運，接下來雲谷禪師與袁了凡的對話，更讓他驚覺，就算再微小的善惡都會影響到子孫福報，為人處事實在不能不慎！

禪師接著又問我：「孔先生算你這一生的流年如何？」我便將詳細情形據實以告。禪師說：「你自己好好想想，你覺得你有福氣可以考取功名？應不應該有子嗣？」

禪師的話就像一記響雷，讓我思考許久，便羞愧地說：「我不應該

啊!官場上的人物都是有福相的人,但我相薄福輕,又不能積累功德、善行來奠定深厚福報的根基。同時,我也不願處理太繁瑣的事,度量狹窄不能容人,還常用自己的一點聰明才智來壓制別人;我經常不經大腦就任意亂說話、莽撞做事,這些不好的言語與行為都是福薄的象徵,怎能夠考取功名呢?

「大地雖然汙穢,但是土地肥沃才能孕育萬物。水若過於清澈,通常都沒有魚類生存,我有潔癖,這是沒有兒子的第一個原因。

「天地間,必須存有一片祥和之氣才能孕育萬物。我的脾氣暴躁,經常容易發怒,讓身心不寧,這是第二個原因。

「慈愛是萬物生生不息之本,缺乏悲憫心是無法生養根源的。我因為太過愛惜自己名節,經常會鐵石心腸,不能慷慨捨棄成見來救助他人,這

是第三個原因。我話說得太多而損傷元氣,影響身體健康,這是第四個原因。我又偏好飲酒,導致精神體力消耗過多,這是第五個原因。我經常整夜長坐,缺乏睡眠,不知保養元神,這是第六個原因。在我自省過後,發現自己的過失與壞毛病太多,無法完全一一列舉。」

禪師聽完我的反省後說:「照你這麼說的話,確實是不應該有孩子,也不應該有功名啊!人世間能夠享有千金福報、享有百金產業的人,也必定有百金福報;沒有修福的,也絕對是命中注定應遭餓死的人。上天不過就每個人所做的善惡,公平地對待他,使他獲得應有的果報,沒有加上老天絲毫的喜好或偏惡成見。

「傳宗接代這件事也一樣,積有百世功德的人,就必定有百代子孫可以保有這份福報;累積十世功德的人,也一定有十代的子孫來保住它;積

有三世、兩世功德的人,也必然有三代、兩代子孫的人來守護。至於沒後代子孫繼承的人,就是功德非常薄弱的緣故。

「不過,現在你既然已知自己的過失,就必須要把過去不能考中科第及無子的過失全都改正,將罪業清除得乾乾淨淨。必定要多做善事來積累功德,對人對事都要寬容、待人和氣慈悲,而且必定要愛惜自己的身體與精神。以前的種種缺失,就像已在昨日消亡,從今而後的你,更正了不善行為、言語,一切與義理相應,就是一個義理再生的道德生命。

「我們這個由血肉構成的自私自利生命,尚且有一定命數。何況這個大公無私為蒼生著想的義理生命,哪有不感動上天的道理?」

《尚書‧太甲篇》說:「上天加給你的罪孽,或許你還可以逃避,但是自己造的罪孽,就得遭受報應,不能愉快心安地生活。」《詩經》也說:

「應該常常思量自己的所作所為合不合乎天道，才能求得自身與大眾的福祉。」

禪師又說：「孔先生算你無法得到科第功名，也不會有子嗣，這是上天注定的，但這並不是命運的終點。你現在只要努力修行，多做好事，就能改變自己的命運，享受應有的福報。」

雲谷禪師的這番話，讓袁了凡放下心頭大石。當知道命運可由自身決定，就像黃鶯出谷，既能輕盈跨越命運鴻溝，也能譜出未來的美麗樂章。

第一篇・立命之學

5 畫鬼符,也要感動天地

禪師為加強袁了凡的信心,開始分享有關《易經》、善惡報應的道理,並教他具體實踐的方法。對於日後的行善,無疑注入一劑強心針。

禪師接著說:「《易經》教人趨吉避凶,若我們相信命運無法改變,那麼《易經》教人趨吉避凶的道理就不能成立了。」

他引用《易經》的開章舉例,提到「積善的家庭,必定會有餘慶」,問我是否相信此話?我聽了頻頻點頭表示相信,心存敬畏地跪下禮拜,繼

續接受禪師的教誨。

禪師讓我將過去造作的各種過錯、罪惡，在佛前毫無隱瞞地懺悔，並寫了一篇疏文，先祈求能得到科第，起誓做三千件善事，來報養天地祖宗生養我的深恩厚德。

他拿出一份名為「功過格」的表格，要我將每天做的事一一記錄下來。善行就記錄在「功格」上，惡行則依大小與善行相抵銷。禪師還教我持念〈準提咒〉，希望幫助我去除妄念，產生積極效應。

他告訴我，畫符專家常說：「不會畫符的人會被鬼神嘲笑。」其實，畫符與念咒、念佛有異曲同工之妙。畫符的時候，要放下一切妄念，不起絲毫雜念。在念頭不妄動，保持心地清淨的時候，這道符才會奏效靈驗。想要獲得上天感應，就要從真誠心，不起一絲妄念來下功夫，這樣才能感

動天地而獲得福報。

禪師又引用孟子的話，論述「立命」的道理，短命和長壽其實並無區別，只有心中的妄念才會產生分別。

同理來說，豐收與收成不好也應該看成一樣，只要我們安份守己地做人，匱乏的人自然能轉變成富足，本來發達的人也會更加福祿綿延。

短命和長壽必須看成是一樣，都該珍惜生命、戒殺護生，不可胡作妄為。如此短命者才能得到健康長壽的命，命中長壽的人則會更加健康長壽。人生在世，生死的問題最為重大，因此提到天和壽，那麼順境中的豐與通、逆境中的歡與窮，都完全包括在內。

因此，孟子在談論「立命之學」，只說了夭與壽，而未提及其他，就是這個道理。

禪師教導我時時刻刻修養德行，其實就是積累道德向上天祈禱，以祈求福報。說到「修」字，就是要對所犯的各種罪惡與過失，痛下決心，徹底且永遠地斬除。談到「俟」字，則是等到修身功夫深了，命運自然就會變好。

當一個人修養至連一絲妄念與私心都能完全斬除，心存真誠時，就能達到「不動心」的境界，有了這個功夫，就是世間受用的真正學問。

禪師又說，一般人平時的行為多半隨著念頭轉動，只要是「有心去做」的事情，就稱不上自然。他教我，持念〈準提咒〉時，只需整天念誦，不必計較念了多少遍。當念到自然順暢的境界，就會口中在念，卻渾然不覺自己在念，這就叫「持而不持」；而不念咒時，心裡卻無時無刻記著咒語，這就是「不持而持」。

第一篇·立命之學

當念咒念到了這個境界，那麼我、咒、念就合而為一，自然不會有雜念進來，念的咒就沒有不靈驗的了！但是這種功夫需透過實踐才能領會，聽完以後，我對禪師的教誨感激不盡。

我起初的號為學海，自此之後便改號為凡。了是「明瞭」「了脫」的意思，我明白立命的道理後，希望完全去除凡夫的見解。

自那天起，我就改變自己的生活態度。從前只是漫不經心地過日子，如今卻時時刻刻警惕，就算在四周無人的地方，我也注意著自己的一舉一動，心中常懷戒慎恐懼，唯恐起惡念、說錯話、做錯事，得罪天地鬼神。

就算碰到別人的詆毀，我也能泰然處之，不再與人爭論。

袁了凡決定改號為「了凡」,等於就此拋棄凡夫俗子的見解,全心投入修行之中,人生也從此展開新頁。

啊!過站了!

在唱什麼呀?

念〈準提咒〉時,只需整天念誦,
不必計較念了多少遍,
當能念到自然順暢的境界,
就會口中在念,自己不覺在念,
這叫「持而不持」。

6 善行日記，脫胎換骨

袁了凡遵照雲谷禪師的教誨後，命運的改變不斷應驗著「命運由自我主宰」這句話。隨著善行越做越多，也豐富了他的人生。

隔年我參加禮部的科舉，原本孔先生算我應該得第三名，如今卻出乎意料地考了第一，這是他第一次算我的命不靈驗！同年秋天考舉人，孔先生原算我命裡沒有考中舉人的命，沒想到居然考中了。自此以後，孔先生算定的事便再未靈驗。

儘管我的命運起了翻天覆地的變化，但我仍發現自己有很多缺點。虛

心檢討以後，發現我做斷惡行善的事不算純粹，還是夾雜私心。有時我沒有勇氣去做該行善的事；碰到別人冒犯我的時候，無法容忍不計較。還有，白天神智清醒時還能把持修行，但等到睡夢或酒醉，仍是會鬆懈懈怠。這樣等於功過相抵，沒有善行可言。

我在三十五歲遇到雲谷禪師後，就發願要做三千件善事，經過十多年的努力才完成。

我曾一度在李漸庵的軍中工作，因為跟著軍隊到處行軍，沒有機會將三千件善事迴向。直到我四十六歲從南方回來，才恭請性空、性慧兩位法師在東塔禪堂迴向。後來我又發下求子願望，許願做三千件善事。

隔年，我迎來第一個兒子，取名天啟。看到斷惡修善有這麼好的效果，所以信心增長，就越來越積極行善，效應也越來越靈驗。

041　第一篇‧立命之學

每天我做一件善事,就會隨時用筆在功過格記下來;我的妻子不識字,她每做一件善事,就用鵝毛管沾上朱砂,印一個紅圈在日曆上。譬如她會送食物給窮人,或在市場買菜時,看到活潑有生氣的生物,就買來放生。有時,一天會多達十幾個紅圈,代表一天做了很多善事。從庚辰年發願到癸未年,前後不過花兩年的時間,三千件善事就完成了,然後就請法師在家裡誦經迴向。

同年九月十三日,我又發了中進士的願,許下做一萬件善事的心願。

到了丙戌年,果然中了進士,朝廷派我到寶坻縣當知縣。那時我便準備了一本有空格的小冊子,取名為「治心編」,專門用來對治心中的惡念。

每天一早我坐堂審案時,便會囑咐家人拿這本治心編給看門的人,放在辦公桌上。每天所做的善事惡事,即使相當微小,也一定要記在治心編

上。到了晚上，我就會在庭院擺上香案，換上官服，仿照宋朝鐵面御史趙閱道，將自己一天所做的善惡寫成疏文，向上天祈禱報告。

我的妻子見我成天忙著公務，能做的善事不多，經常皺著眉頭說：「從前我在家，經常在街坊鄰里走動幫你做善事，所以許下三千件善事的心願很容易完成。現在你許下做一萬件善事的心願，在衙門裡卻沒什麼善事可做，那要等到什麼時候才能完成呢？」

我聽了以後也很煩惱，當天晚上就做了奇特的夢，看到一位天神，我將一萬件善事難以完成的困境告訴祂。天神說：「你當縣長時，單就減錢糧這件事，已經足夠抵充圓滿了！」

我想起這件事，原本寶坻縣的田租，每畝要收銀兩分三釐七毫。我當了縣長後，覺得百姓的田租太重，生活太苦，於是下令將全縣的田重新清

043　第一篇・立命之學

理，每畝田應繳的錢糧減到了一分四釐六毫。雖然確有此事，但我心中仍感疑慮，懷疑善事是否真的能「以一抵萬」？

這時剛好遇到幻余禪師自五台山過來，我便將這個奇怪夢境告訴他，並問天神的話可不可信？

禪師沉思片刻後說道：「只要心存善念，一件好事就能抵萬件好事，更何況你為全縣農民減輕賦稅，這不只是農民受惠，還會延及他的家人，統統都能得到受惠，讓萬民得福呢！」我聽完後便立刻捐出薪金，讓禪師在五台山做齋僧供養活動，希望這份善行能帶來更多福報。

從此之後，善行已成為袁了凡的日常，就此改變他的待人處事態度。如沐春風的言行舉止，讓他的人生時時處在溫暖光明的境界！

7 生命有常也是無常

袁了凡從事善行,並未因此祈求無災無病一生的果報,但是善行卻在無意間巧妙化解了命中注定的災厄。天道輪迴的變化,實在令人感到不可思議!

孔先生算我在五十三歲會有大災厄,但我並沒有為此事向上天祈求保佑或長壽。到了五十三歲,竟然得以平安無事地度過。當我寫下這本書時,已是六十九歲,已從寶坻縣的知縣退休。

《書經》裡曾說:「天道難以捉摸,人的命運也不會恆常不變。」又

說：「人的命運沒有常數，是可以改造的。」

這句話我深信不疑。我深刻體會到，一個人的禍福完全是由自己主宰，這些話才是聖賢之言；若說禍福都是天注定、只能任命運擺布，那只是世俗的說法罷了！

無論你的命運如何，即使你享有財富地位，也要時刻保持謙虛。就算事事順心如意，還是要當做不如意來想。就算眼前豐衣足食，還是要當做處於窮困艱苦、無屋可住的情境來節儉度日。

就算別人喜歡你、尊重你，還是要謹慎小心，常懷敬畏的心。就算家世名聲很好，獲得他人敬重，也須當做自己身分卑微來謙虛待人。就算你學問廣博高深，還是要當作自己是粗劣淺薄沒有讀書的文盲來勤勉學習。

以上這六種想法，都是從反面思考而來。能夠虛心，自然就會增進道德，福報也會隨之而來。

從長遠來看，要想怎麼發揚祖先的優良美德；從近處來看，我們要體恤父母，包容父母的過錯。

對上，我們要回報國家社會栽培的恩惠。

對下，我們要造福家庭。

對外，我們要想辦法幫助受苦受難的人。

對內，我們要警惕自己不純正的念頭與行為。

以上這六種正面思想方式，讓我們時常反省自己，成為止直的人。

人應該每天檢討自己的過失，並且加以改正，否則就會自以為是，成天滿足現狀而毫無進步。天下擁有聰明才智的人很多，但為何仍有道德、

事業無法進步的人？其根本原因，正是被「因循」兩字所困，在道德與功業上得過且過，虛度了一生。

雲谷禪師傅授的立命學說，是如此精微、深刻、真實、正直，沒有絲毫虛妄邪僻，我希望你能認真研究，並全力實踐，千萬不要虛度光陰。

《了凡四訓》一書，是袁了凡寫給孩子的家訓。他如同世間芸芸眾生的父親，想為孩子留下珍貴的傳家之寶。這本書從〈立命之學〉開始，讓孩子能如實了解人生命運的有常與無常，進而超脫命運，最終擁有富裕充實的一生。

第二篇 改過之法

1 「三心」護一生

人們都希望能趨吉避凶，一生平安。然而就算求神拜佛，也無法改變災禍或吉事的發生，因為我們的所作所為早已寫下命運結局。

春秋時代，各國的大夫經常相互往來，他們的眼界開闊，只要觀察一個人的言語行為，就能推測他的禍福吉凶。像這類事蹟，在《左傳》《國語》等各類記載史實的書裡都有記載。

大致上，人在遭遇吉凶禍福前都會出現一些徵兆，來自於他起心動念的行為舉止。

一個心地善良、厚道，處處替他人著想的人，常常能獲得福報。反過來說，一個心胸狹窄，所想的都是自己利益的人，常常會招致災禍。一般世俗的人見識淺薄，就像是被白翳蒙住眼睛，什麼都看不清楚，以為禍福沒有一定，而且無法預測。

如果一個人能誠心誠意待人，他的心就與天道相合。只要看他所行的善事、所說的善語，以及和善對人，就能推想他未來的福報。如果他的思想、言語、行為不善，就會逐漸接近災禍。

所以趨吉避凶，以改過為先。在沒有談行善積德之前，先要改過。

我認為改過有三個要素，第一是發自內心的羞愧之心。可以想想，古聖先賢跟我們一樣都是人，但他們為何能夠受世人尊敬，成為大眾的學習榜樣？我們又為什麼會一事無成，甚至有人落得聲名狼籍的地步？

051　第二篇・改過之法

這都是因為過度沉迷享樂，受到世俗慾望汙染，而且還以為別人不曉得，表現出驕傲自大的樣子，毫無愧疚之心。就這樣日益沉淪，逐漸變得跟禽獸一般，自己卻毫無察覺。世界上最羞恥的事情，沒有比這個更大的了！

孟子曾說：「恥，這個字對一個人來說實在太重大了！若能知恥，就能成聖成賢，如果不知羞恥，就會淪落得像禽獸！」這些都是改正過失的重要訣竅。

改過的第二個要素，則要有敬畏的心。我們要知道，天地鬼神都在監督我們，我們的行為無法蒙騙祂們。即使在無人處犯錯，大家雖不易發覺，但天地鬼神卻像鏡子般照著我們，看得非常清楚，所犯罪業若是十分重大，必定會降下災禍。就算輕微，也會折損現有的福報，了解此事實真

要有敬畏的心

我們要知道，天地鬼神都在監督我們，我們的行為無法蒙騙祂們。

相後，怎麼可以不害怕呢？

不但如此，就算是在沒有人居住的環境，神明仍會清楚監督人們的一切行為。我們雖然掩蓋得非常巧妙，但內心的種種意念，有學識有道德的人仍然會一眼看穿，難以欺瞞。如果被人看穿了，我們就會變得一文不值，想到這些地方，又怎麼能不懷畏懼的心呢？

不僅這樣，一個人只要有一口氣在，過去就算犯了再大的罪惡，都能夠悔改。當臨終前真正懺悔，即使萌發一個善念，就會得到善終果報。也就是說，只要能夠發出一個善念，這股勇猛堅決的力量就足以洗刷百年罪惡！如同上千年的幽暗山谷，只要有一盞明燈，就能破除千年黑暗。所以，不管是過去或是最近犯的過失，只要能改過才是最可貴的。

但我們所處的世間，每個瞬間都在變化。我們這個血肉之軀只要一口

氣不能上來，肉身的生命就結束了，這個時候就算想要改過，也沒有辦法了。

就世俗來看，造作太多壞事，惡名遠傳後世，當世人聽到你的名字就會起憎恨心理，就算你的兒孫孝順善良也無法洗去這些惡名。至於在看不見的陰間，還要在千百劫中沉淪到地獄裡受折磨，縱使遇到聖賢佛菩薩，也無法接引、救助，怎麼能不懼怕這種惡報呢？

改過的第三個要素，就是勇氣與決心。要勇猛精進去改過自新。人在犯過以後，不會改正的原因，多是因為得過且過、退縮畏懼。我們必須明白過失，下定決心改正過來，不可延遲、疑惑，更不該猶豫等待，這就是勇猛心的表現。

犯了小的過錯，就像尖刺扎在肉裡，要趕緊將它剔除。若是犯了大的

055　第二篇・改過之法

罪業，更要像被毒蛇咬到手指般嚴重，必須當機立斷將指頭斬斷。不可以有一點點的遲疑、猶豫，否則毒液蔓延全身，就會立即死亡。這便是《易經》中，風雷之所以構成〈益卦〉的道理。

如果具備這三種心態──恥心、畏心和勇心，那麼過失就像春天的冰塊碰到了熾熱的陽光，還需憂慮它不會融化嗎？

《易經》的〈益卦〉是風雷組合，風助雷威，雷助風勢，相互增長氣勢，有益春天生養萬物。就像人應該時時刻刻把握良機改過，才會滋養一生幸福！

2 低等改過法，從「事」與「理」著手

袁了凡認為，藉由反省過往的犯錯經驗，從表面的「事」與「理」著手，雖然效果一般，卻也是大眾較易入手的改過路徑。

然而一般人改過時，有人從犯過的「事實」戒除，有人通過認識其中「道理」來改正，有人則從調整他們的「心念」來改善，每種付出的努力程度不同，得到的效果也有所不同。

從「事實」上改正來說，譬如以前殺生，現在下定決心不再傷害生命；或者過去經常發怒罵人，現在戒除不再動怒。這些就是針對所犯的錯誤將

其改正。

但這只是從外在勉強約束,會比從根本上自然修正還難上百倍,只能短時間見效。而且犯過的根源依然存在,就像未找出導火線前,今天在東邊滅火,明天西邊又冒出火苗一樣,問題依舊存在,實在不是徹底改正的方法。

那麼,從「道理」上來改正呢?

善於改過的人,在還沒有禁止他做某事之前,就會先思考不可以做的道理。如果過失在於殺生,就會想到「上天有好生之德」。每個生命都會愛惜自己的存在,如果為了滿足我們的口腹之慾,殺害其他生靈,內心怎麼能安寧呢?

而且當牠被殺時,身體既已受到宰割痛苦,在尚未斷氣前,又將牠放

到鍋裡烹煮，種種痛苦早已穿透進骨髓。

人們為了滋養自己生命，將各類珍貴肥美的食物擺滿眼前，卻未曾想過，吃完這些美食後，也都會化成糞尿排出，到最後一切都是空的。實際上，蔬菜類的素食羹湯就足以讓人填飽肚子、供給能量，何必一定要去殘殺生命，來折損自己的福報！

並且還要想到，凡是動物都有靈性知覺。既然有知覺，就跟人類沒兩樣。就算我們不能修養到至高的德行，使百獸來尊敬、親近我，但怎麼可以天天殺害動物生命，使牠們與我結下冤仇，永無止盡地怨恨我呢？如有想過這道理，每當面對滿桌的血肉之食，自然會發出憐憫之心，不忍再進食。

同樣地，想要改掉因受到毀謗與冒犯而暴怒的壞脾氣，也要能從中找

到「道理」。明白每個人都有缺點，會與他人爭執多出自不理解彼此處境，所以應該加以憐憫、原諒。如果有人違反情理來冒犯我，那是他自己的過失，跟我有什麼關係呢？那就更沒有理由發怒了。

我又想到，天下並沒有自以為是與怨恨他人學問的英雄豪傑，那些自負傲慢、怨天尤人的人，絕對稱不上是英雄豪傑。如果所做之事不能稱心如意，都是自己德行修養得不夠，感化人的力量達不到效果的緣故。

我們應該要好好自我反省，遇到他人的毀謗與侮辱，實則是在磨練、考驗我們的修養功夫，藉此了解自己修煉到什麼程度。因此，我們要歡天喜地接受指教，心存感激，又有什麼好生氣的呢？

再說，聽到他人的毀謗而能不動怒。雖然這些惡言猶如火焰燻滿天空，但這就像一個傻子高舉著火把，妄想焚燒整個天空罷了，火焰終會自

060

動熄滅、停止。

別人對我們的毀謗在所難免,如果費盡心思努力為自己辯護,那就像春天的蠶吐絲作繭,只會將自己牢牢束縛而已。所以,發怒不但對自己沒有好處,反而還有害處。

在日常生活中,對人事物的種種過失、罪惡,都應該明白背後的道理,自然就能改正過失,不再重蹈覆徹。

過失就像無名火,不但燒掉德行與福報,也束縛自己的識見。唯有敞開心門,通透事物道理,才能讓心中的火熄滅,不易被外物侵擾,心門從此無限寬廣。

061　第二篇‧改過之法

過失就像無名火,不但燒掉德行與福報,
也束縛自己的識見。
唯有敞開心門,通透事物道理,
才能讓心中的火熄滅,不易被外物侵擾,
心門從此無限寬廣。

3 上流改過法，從「心」做起

如果能從根本改過，就是改過的最高境界，心中那棵毒樹才不會萌芽而開枝散葉。讓惡念完全退散，將是人生的最大福氣！

怎麼才是從「心」來改過呢？

人們犯下的過失說也說不盡，但千萬種錯誤都是從心念開始生起，如果能夠不起心動念，過失會從哪裡生出來呢？

一個學習修行的人，對於愛好美色、渴望名聲、執著財物還有容易發怒等過錯，不必一一去尋找改過之法。只要時刻懷抱善心、做好事，不時

觀照自己的心思，保持心念單純正直，自然就不會被不正直的惡念汙染。就像太陽照耀著大地，驅離所有的黑暗邪惡，這是改過最精誠專一的真正訣竅。

人的過失是由內心生起的，所以也應該由心來改正。就像砍掉一棵有毒的樹，只要從根砍斷，就不用一枝一葉地來摘除修剪，有毒枝葉就會自然枯萎。

最高明的改過方法，是從「修心」下功夫，立刻就能使心地清淨。每當內心起了壞念頭，就能立刻覺察，然後馬上讓這種念頭消失，過失自然就不會再發生。

如果做不到這種境界，那就退而求其次，從「理」字上改正。了解「理」，就是明白其中的道理，讓自己不被負面想法左右，以便擊退壞念

064

頭。如果再做不到,那就從「事」著手,當壞事要發生時,就以行動的方式來約束自己,強制自己不要犯錯。

如果能以最好的治心功夫,並且兼用「明理」與「禁止」兩種較為下乘的方法,來約束自己的念頭,也不失為一個好方法。但是如果執著於法令規章,卻不明理,又不懂得從心改過,這樣的改過手法就顯得很拙劣。

我們的心,是寶庫或是毒庫?就看如何修整它。透過「治心」方法改過,保有善良心念,並以明理與行動的力量來自我約束,才能成為真正良善的人。

第二篇・改過之法

4 停止犯錯，請益友、鬼神幫幫忙

人都有惰性，單靠自身努力，就像將自己置身於一葉孤舟，容易隨外頭風浪而動搖。這時，若有好心人或神靈指引協助，就能行駛至正確航向。

當我們發願要改過，這個過程不能單靠自己，也需借助他人力量。在明處時，需要有良師益友從旁提醒；而在暗處，則要相信鬼神會來見證自己努力改過的過程。

只要能以真心來懺悔過去的過錯，無時無刻日夜反省自己的作為，那

麼經過一週、兩週，甚至一個月、兩個月、三個月後，必定會產生效果。

到了這個階段，或許會感到精神愉悅、心境開朗，突然之間智慧大開；或者從前處於忙忙碌碌狀態，卻突然能觸類旁通，解決之前難以處理的困境；或是遇到以前的冤家仇人，卻能將仇恨化成喜悅；或者夢到吐出汙穢黑物，消褪過去所做惡業，因而得到清涼的暢快感；或者夢見古聖先賢來幫忙接引，出現前程光明景象；或者看見自己在虛幻宇宙間飛行漫步；或者夢見各類莊嚴旗幟，以及用珍貴寶石裝飾的傘蓋。

當這些殊勝的景象出現眼前，都是過錯消失、罪業滅去的象徵！但是不能因為得到這些吉象，就自以為程度很高，自滿於這些境界，不再努力求進步，那麼就會因此畫地自限。要當作若無其事，不斷修心，才能不斷進步。

有人一見神佛降臨的殊勝現象，就以為自己得道，從此不再精進，這是犯了「傲慢」過錯。心要保持清淨平等，才能覺察自己過失，真正做到超凡入聖境界。

5 改過五十年，仍覺有四十九年錯誤的男人

袁了凡特別舉先賢年輕時就立志改過為例，啟發兒子「立志要趁早」。強調用盡一生都未必能完全改過，更顯改過之難，也警惕未曾有改過習慣的一般人。

從前春秋時代，有位衛國大夫蘧伯玉，在二十歲就已意識到自己需要改正，開始時時反省、覺察自己的過失，他每天都會想自己做了什麼？有沒有犯了錯？

人生有如黃粱一夢,感覺未做什麼,就懵懵懂懂地過了一生。如何把握有限時光,成為有價值的人?
　唯有時時保持覺察與改正的心,才不負來世一遭。

日夜都在無時無刻反省自己作為

到了二十一歲，他發現自己仍有很多地方需要改進，到了二十二歲，回顧過去一年，覺得自己就像置身在夢境一般，有時還是會糊裡糊塗地犯錯。然而，這些令人遺憾的過錯並未讓他氣餒，反而更加堅定決心要改變自己，年復一年都在努力改進。

直到五十歲那年，他回溯自己過去四十九年的人生，仍有過錯存在。這個故事告訴我們，古人對於改過之學的學習態度，就是這麼徹底、認真、嚴格，值得我們學習和效法。

人生有如黃粱一夢，感覺未做什麼，就懵懵懂懂地過了一生。如何把握有限時光，成為有價值的人？唯有時時保持覺察與改正的心，才不負來世一遭。

6 拔掉身上芒刺，跟惡兆說再見

有人鎮日渾渾噩噩，就像行屍走肉；或明明做了好事，反而被人誤解。袁了凡說，惡兆都是由過去罪業造成，如何抹除累世的罪業？就有賴改過功夫。

像我們這種庸庸碌碌的平凡人，過失就像刺蝟背上的刺一樣密集。但是回想過去做過的事情，卻常看不到自己有什麼過錯，這實在是因為太過粗心大意，不曉得仔細省察，心眼被蒙蔽了，看不清自己的過失。

然而，如果一個人的過失、罪惡較為深重時，也會出現不好的徵兆，

073　第二篇・改過之法

只要仔細觀察身邊周遭的人就能發現。

有人變得健忘、精神昏沉，交代他什麼事情，一轉身就忘得一乾二淨；或是明明沒有什麼可煩惱的事，卻常無緣無故自生煩惱。有人則害怕遇見品德高尚的人，只要一見到正人君子，就會難為情、精神不振。有人一聽到聖賢道理，就生起厭惡心理。有的佈施恩惠給別人時，反而被對方埋怨。有的則是晚上做些顛顛倒倒的惡夢，甚至語無倫次，不像個正常人。這些都是因過去所犯罪孽表現出來的徵兆。

如果出現類似情況，又想要改變這些徵兆，就應該振作精神，捨棄過去錯誤，認真檢視自己作為，才能重新找回正確的人生方向，展開光明未來！希望你能因此深為警惕，努力改過，別讓過去錯誤影響自己的未來前程。

被罪業糾纏的人，常見烏雲罩頂，令人難以親近。吉星高照的人，總是容光煥發，人人都喜歡與其親近。想擁有生命榮光或是烏雲，皆取決於自己。

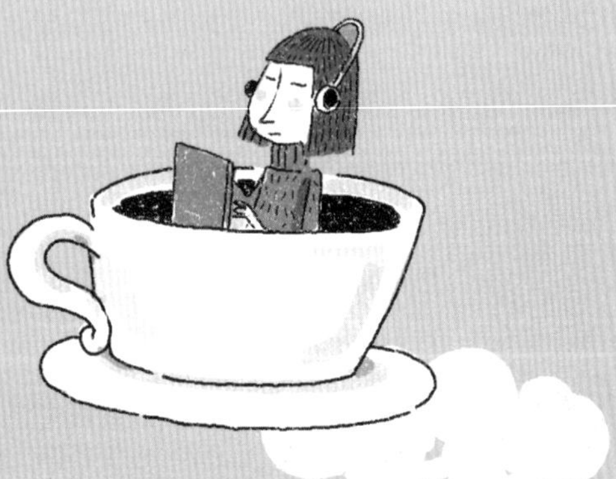

第三篇

積善之方

1 上報所作所為，感動天地

袁了凡在上一篇講了改過的種種方法，他僅引用《易經》的兩句話，就道出了行善必能福延子孫的道理。這不僅可從古聖先賢文章得知，歷史更能明證此觀點。

《易經》上說，凡是積善的家庭，一定會有很多福報、喜慶的事。譬如，過去有位顏姓人家，當他們要將女兒許配給孔子父親叔梁紇時，就先將孔家祖宗過去所作的事情一件件記述，發覺孔家祖先長期以來積有深厚的陰德，所以預測他的子孫必定會出人頭地。後來，孔家果然誕

生了有萬世師表之稱的孔子。

孔子也稱讚，像舜這樣的大孝，不但後代要以宗廟之禮來祭祀他，而且世世代代子孫都能保住他的福德，永不衰落，這些話都是至理名言。

現在我要告訴你十個真實故事，來證明積善之家發生的福報。

明朝有位做過少帥（官名）的人，姓楊名榮，是福建省建寧人。他家世代都從事擺渡工作，生活過得非常艱苦。有一次因久雨造成河水暴漲，水勢洶湧淹沒鄉村民居，溺斃者與落水的人順著溪流而下。別的船家都爭相撈取水裡漂浮的財物，不理會等待救助的溺水者。只有楊榮的祖父和曾祖父專心救援水中的災民，對於漂浮財物不予理會。

村裡的人都笑他們是傻瓜，還笑話說：「救人有什麼用？賺到錢才是真的！」可是曾祖父回答：「我們擺渡賺的錢已經足夠養家活口，至於不

義之財,從來不曾妄想。」

等到楊榮的父親出生以後,家境逐漸寬裕。有位神仙化為道士模樣,向楊榮的父親說:「你的祖輩積了許多陰德,子孫必定會富貴騰達。」道士還指點了一塊風水極佳的地方,建議將先人葬在那裡。楊榮的父親聽從道士的指引,在那塊寶地安葬了祖先。這塊地穴就是現今地理師所說「白兔墳」的吉地了。

後來楊榮出生,到了二十歲就考取進士,開始當官,最終做到三公之一(古代朝廷中三種最高官銜的合稱)的少帥,皇上還追封他的曾祖父、祖父與父親同樣的官位。他的後代子孫都很興旺,一直到現在還出了許多優秀人才。

舜的繼母幾番要將舜置於死地，舜仍保持孝心，感動天地，也成就大孝。而春秋時代的陳國，是舜傳下來的子孫，更明證善行確實能興旺後代子孫！

2 體民所苦好官，享有無盡善果

當官看似威風，但若不能苦民所苦，就會成為讓人怨聲載道的惡官，惡名傳千年。若能設身處地為民眾著想，分憂解困，不但會深受愛戴，子孫也能受到恩澤。

從前，浙江寧波有個人叫楊自懲，起初在縣衙當書辦。他的心地善良厚道，而且為人公正守法。

有一天，縣長在審案時，命人鞭打一名囚犯，那人被打得血流滿面，但縣長怒氣未消仍不喊停，楊自懲看了於心不忍，就跪下來請縣長息怒。

縣官說:「這個囚犯違反法律禮法,怎能讓人不生氣!你為何還替他求情呢!」

楊自懲向縣官叩頭說:「其實百姓會犯錯,不懂得遵守法律,長久人心散漫的原因,還是跟朝廷不能依照道理行事有關。今天看到他們被審受罰,應該要憐憫他們因無知誤犯法律而難過,也不能因為審出案情就感到高興!既然高興都不應該了,更何況發怒呢?」

縣官聽了楊自懲叩這一番話,深受感動,怒氣也就平息了,不再繼續鞭打那名囚犯。

再說說楊自懲這個人,他的家境貧寒,但是操守廉潔,從來不接受他人贈禮,遇到囚犯缺糧時,他都會想盡辦法來幫助他們。

有一天,來了幾個新的囚犯,一路上沒有東西可吃,樣貌十分可憐。

楊自懲想拿家裡的米救濟他們，但家裡也缺米糧，如果都拿去給囚犯吃，那麼家人就得餓肚子了。不過若是只顧自己吃，看著囚犯挨餓也於心不忍，這讓他很煩惱，於是跟妻子商量。

妻子問犯人是從哪裡過來的？他回應：「是從杭州過來的，沿路忍受著飢餓，都是沒有血色的青黃面孔，相當憔悴。」

因此，妻子便將自家僅存的一點米，全部煮成稀飯，送給那些囚犯吃。

後來他們生了兩個兒子，長子名叫守陳，次子名叫守址，當官一直當到南京跟北京的吏部侍郎。而他們的長孫是刑部侍郎，次孫是四川按察兒子、孫子都是名臣，後代子孫都興旺不衰，官運亨通。

＊　＊　＊

明朝英宗正統年間，土匪首領鄧茂七在福建帶頭作亂，這個鄧茂七聰明狡猾，到處招兵買馬，因此人心思動，不少讀書人和老百姓都跟隨他一起造反。

朝廷為了平亂，派出都御史張楷南下福建搜剿土匪。

張楷是個智勇雙全的官員，用了計策抓住了鄧茂七，然後再派福建布政司的謝都事帶兵搜查四處流竄的土匪，要他抓到後格殺無論。

但是謝都事是個心地仁慈的人，他擔心會因此濫殺無辜的人，於是想了一個妙計。

他在各地尋覓賊黨名冊，凡是名冊上沒有列名的民眾，就暗中發給他們一面白布製作的小旗，然後跟他們約定，在官兵進城時將這面旗子插在自家門口，表明自己是清白的，並且警戒士兵不准濫殺無辜百姓。

085　第三篇・積善之方

由於有這面小白旗的保護，大約有上萬名無辜的人免於被誤殺。

謝都事的兒子謝遷後來中了狀元，官位做到宰相。而他的孫子謝丕也成為探花（第三名進士），名聲遠播，延續家族榮耀。

這兩則故事告訴我們，看似危險萬分的事，一不謹慎處理就可能禍及全國或個人性命。但仁慈和智慧可以化解危機，也為佈施者帶來無盡榮耀。

3 惻隱之心，享福後世

人只要發揮惻隱之心，就必有做善事的良能。袁了凡用兩則故事，展現了善不在於大小，只要能持續與出自純善。往往一個微小善事，都能成就莫大功德。

在福建莆田，有戶林姓人家，他們家祖上有位老太太樂善好施，經常用米粉做的粉團來佈施窮人，只要有人向她求助，總是有求必應，一點都不會表現出不耐煩。

有位神仙為了試探她，特別化成道士模樣，每天早晨都來跟她索取

惻隱之心，享福後世

善不在於大小，只要能持續與出自純善。
往往一個微小善事，都能成就莫大功德。

六、七個粉團來吃,這樣的情況持續整整三年,老太太每天都如數供應,始終笑容滿面,未曾感到厭煩,三年如一日。

神仙看到這一切,了解到老太太是出自真心做善事。就跟老太太說:

「我吃了你三年的粉團,實在無以回報。這樣吧,你家後頭有一塊風水極佳的空地,當你仙化後,建墓地葬身於此,將來,你子孫的官爵榮耀就像一升麻子那麼多,數也數不清!」

後來老太太去世,她的兒子就依照神仙指點,將老太太埋葬在那裡。

果然,第一年,林家的第一代後人就有九個中進士,後來接連著好幾代,做官的人非常多,享有無盡榮耀。

甚至直到現在,福建地區仍流傳著一句話:「沒有姓林的,就不開榜單。」意思就是,每當科舉放榜,中進士者總以林家人佔了最多名額;如

第三篇・積善之方

果沒有姓林的參加考試,就等於無法開完整榜單呢!

＊＊＊

馮琢庵太史的父親,是一位秀才。

他的父親在求學時期,某一年寒冬的清晨,在前往學校的路上,忽然發現有個人倒臥在雪地,臉色發白、全身顫抖,看來似乎快凍死了。

他見狀趕緊脫下自己身上的皮袍,小心翼翼地為那人穿上,希望能暖和他的身子,並且扶他回家救治。

經過一番細心照顧,那個倒在雪地的人總算醒來,對馮琢庵父親充滿感激,不停地向他道謝。

就在這天晚上,他做了奇怪的夢,夢到有位神祕天神,聲如洪鐘地說:「因為你出於至誠救人一命,我將派遣宋朝名將韓琦投胎成為你的兒

090

子。」後來，馮琢庵的母親果然生下一個男孩，取名為琢庵，號為「琦」，以紀念這個奇妙預言。

隨著時光流逝，琦長大成人後，聰明才智受到大家肯定，成為一名傑出的太史，享有官吏的富貴與尊榮，就像天神預言的一樣。

俗話說「前人種樹，後人乘涼」。先人發的惻隱之心，即使是簡易可行的善事，不僅能夠成為子孫模範，也為後世子孫耕耘厚實福田。

4 鬼的耳語，激發善事因緣

有人視錢如命，這是爭「眼前財」；有人寧可救人，放棄錢財，就是種「後世財」（福報）。袁了凡舉了這些不計得失的救人故事，值得令人深思。

浙江台州地區有一位應尚書，在他中年還是個秀才、尚未當官時，曾隱居在深山讀書修行。到了深夜，常會聽到鬼魅陰森恐怖的嚎叫聲，非常嚇人，但他卻一點都不害怕。

有一晚，他聽到一個吊死鬼說：「有一個婦人，因為丈夫外出訪友很

久都沒有回來，她的公婆以為兒子死了，就逼媳婦改嫁。但這婦人想守節，堅決不肯改嫁，明天她會過來這裡上吊自殺，那麼我就能找到替身，可以投胎轉世了！」

應尚書聽到吊死鬼說的話，內心不忍。第二天一早，他趕緊回家，賣掉自己的田地，得到四兩銀子，然後假造一封婦人丈夫的家書，連同銀子一起寄到她家。

婦人的公婆看到信後，發現筆跡不像兒子的，雖然他們懷疑信的真偽，但還是說：「雖然書信有可能是假的，但別人總不可能無緣無故送人銀子，看來兒子一定是平安無事。」因此就不再逼迫媳婦改嫁。後來，她的丈夫回家跟她團圓，從此一家過著幸福生活。

過了不久，應尚書又聽到這個吊死鬼說：「我本來找到替死鬼了，都

是這個秀才破壞我的好事!」旁邊有一個鬼回應:「那你就去找他算帳啊!」

這個吊死鬼說:「不行,天帝因為知道這個人的心地很善良,積了大陰德,早已命定他將來擔任陰間尚書,我怎麼能夠害得了他呢?」

應尚書因為聽了這兩個鬼的對話,更加激勵自己行善積德。

每當遇到荒年時,他一定會捐出自己的穀糧來救災。親戚遇到困難時,他也會刻苦自己生活,竭盡所能幫助他們度過難關。碰到不講理的人與不如意的事,更是回過頭來自我反省,心平氣和地承受,從來不會怨天尤人,這都是積德行善的表現。

這些善行與慈悲之心,讓他做了尚書,最終使得他的後代子孫都考取功名,非常多人做官享福。

＊＊＊

江蘇常熟縣人徐鳳竹，他的父親是個地主，相當富有。每次碰到荒年收成不好的時候，他總是帶頭發心救災，不僅減掉原來應該收取的佃農田租，還用自己米倉的穀糧去救濟貧窮缺糧的災民。

有一晚，他聽到鬼在他家門口吟唱著：「千不該、萬不該說騙人的話，徐家秀才馬上要做舉人囉！」而且還連唱了好幾夜。

結果那一年，徐鳳竹果然中了舉人。他的父親也因此更加努力積德行善，從不懈怠。不管是修橋鋪路，或佈施齋飯供養給出家人，抑或是盡力接濟貧苦困難人家，只要是有益社會大眾的事，他都會盡心盡力去做。

有一夜，鬼又在他家門口唱頌：「千不說、萬不說騙人的話，徐家的舉人，做官會一直做到都堂那麼大！」

後來，徐鳳竹的官位果然做到了兩浙巡撫。

這兩則鬼故事，一個是亟欲脫身轉世的自私鬼，一個是會替善人稱頌的好鬼。雖然人鬼殊途，但連鬼都對天道敬畏，更何況是平凡存於世間的人們。

5 通人情合法度，不當恐龍法官

自古至今，在審案時多有「有錢判生，無錢判死」說法。小老百姓面對司法巨大機制，常有無能為力的感受。而好官不但使無辜者脫罪，也會累積自身福報。

浙江嘉興縣人屠康僖，起初在刑部當主事官。這位官員跟其他官員不同，他經常會在晚上入住監獄和犯人聊天，以便深入了解他們犯案的原因，一旦發現有無辜者被冤枉，就祕密地把真相匯報給刑部尚書。後來當案件重新審理時，刑部尚書會參照他的簽報來審理案情，囚犯

第三篇・積善之方

沒有不心服口服的,因此當時有十幾個無辜被抓的人被無罪釋放。照理說,凡是能查出冤情的人,功勞是很大的,但屠康僖卻從不居功,於是無辜者被釋放的事情傳開以後,百姓一時之間都以為是刑部尚書的功勞,誇讚他很廉明公正。

屠康僖除了不居功、小心地判案外,又上書稟報:「皇上所在的京城地區,被冤枉的人都那麼多了,何況全國這麼廣闊,被冤枉的人一定更多。所以希望朝廷每五年就派一個減刑官到各地仔細考察案情,遇到冤情就須予以平反。」

尚書就依照屠康僖所稟報代為上奏朝廷,皇帝也批准了他提議的辦法,就派出了多位減刑官到各地審查。當時屠康僖也受派為減刑官的一員。

有一晚，屠康僖夢見有位天神告訴他：「你的命裡本來沒有兒子，現在因為你上書奏請減刑的辦法，幫助了很多人，非常合乎上天的旨意。所以天帝要賜你三個兒子，將來都會是穿著紫袍、束金腰帶的大官。」

過了不久，他的太太就懷了孕，接連生了三個兒子，名叫應塤、應坤、應埈，都享有高官厚祿。

＊＊＊

浙江嘉善縣有個人叫支立，他的父親在縣裡當刑房書辦，專門處理各種刑事案件。

有一次，有位無辜囚犯因遭人陷害而被判死罪。這個消息傳到書辦耳中，很同情這位囚犯，便想幫他求情，希望讓長官赦免他的死罪。

囚犯知道這件事後，就告訴妻子：「支先生待人仁慈，很同情我的遭

遇，願意替我洗刷冤情。可是慚愧的是，我們沒有什麼可以報答他的，所以明天你就請他到家裡，陪他過夜伺候吧！這樣，或許他會念在這個情分而更加樂意幫忙，我可能就有活命的機會了。」

他的妻子聽到這番話，為了挽救丈夫的性命，就含淚答應了。

當支先生到了他家後，囚犯的妻子就過來勸酒招待，並告訴他丈夫的意思，支先生當場斷然拒絕這個安排，但還是盡全力幫助這位囚犯。

後來冤情平反，這位囚犯獲判無罪開釋。

夫妻倆便到支先生家裡叩頭拜謝，囚犯說：

「像先生這樣高尚德行的人,實在是世間罕見,我們實在感激不盡。聽說您還沒有子嗣,我有一個小女兒,願意許配給您當妾,希望未來能替您生幾個兒子。」

支先生見夫婦倆如此誠懇請求,也不好再拒絕,因此就按照禮節準備厚禮,娶了囚犯的女兒。他們的兒子名叫支立,二十歲考中舉人後,官運一路順遂,最終做到翰林院孔目大官。支立以後的子孫也都因為祖先的仁慈和努力,享有官運亨通的美好命運。

做善事往往不求回報,但若收取謝禮,應該合乎義理。故事中的囚犯,將妻子當作報答的謝禮,卻因支先生婉拒不合宜的謝禮,避免了將善行變成惡事的命運。

第三篇・積善之方

做善事往往不求回報,但若真收取贈禮,應該合乎情理。
像故事中的囚犯,
以妻子當作謝禮,卻因支先生的高尚德行,
才免於讓善行轉成惡事的命運。

6 誠心感動天

人的運勢雖有命定，但行善卻可靠自己努力作為，只要堅持真心行善，即使是簡單佈施，都能成就殊勝功德，為自己及後世子孫再造新的命運。

浙江嘉興有個叫包憑的人，他的父親擔任池陽太守，生了七個兒子。

包憑排行老么，後來入贅給平湖縣的人家當女婿。

包憑和我的父親交情深厚，他的學問淵博、才華洋溢，但是運氣不佳，參加考試好幾次，卻始終都考不上。

第三篇・積善之方

有一天，包憑到太湖附近遊覽，走到一個村子，看見一座佛寺年久失修，殘破不堪。裡面的觀世音菩薩像因為沒有亭子可遮蓋，受到風吹雨淋變得汙穢不堪。他看了於心不忍，就取出身上僅有的十兩金子，捐給寺裡的住持師父，作為修復寺院的房屋殿宇之用。

但是住持師父告訴他：「修繕的工程很大，你這點銀兩恐怕不夠用。」包憑聽後，又從隨身行李取出從松江買來的名貴布匹、七件全新衣服，以及幾件單衣和棉麻織布的夾衣，全都交給住持師父。

他的僕人看了便急忙勸阻，認為沒必要捐那麼多，包憑卻說：「只要觀世音菩薩的聖像不被雨水淋壞，我就算沒有衣服穿又有什麼關係呢？」

住持聽到包憑這番話，感動得流下眼淚：「施捨錢財、布匹、衣服並非困難的事，但是就你這個虔誠的心意來說，實在是非常難得啊！」

寺院修繕完畢後，包憑就邀請父親一起去廟裡參觀，當晚留在寺廟過夜，夢到護法神來感謝他說：「你的子孫將來會有高官厚祿，得到福報。」

＊＊＊

果然，他的兒子包汴、孫子包柏芳都相繼考上進士，成為大官。

以上十個故事，雖然做的事情不同，但都是全心全意利益他人、社會與國家，終究是歸向行善的道路。

如果再仔細地分析，那麼這個善，可以分為真善、假善、端正之善、歪曲之善、陰善陽善、偽善正善、半善滿善、大善小善、難善易善等各種不同的情況。功效不同，有心為善的人應該辨別清楚。

如果只是一昧行善，卻不仔細研究其中的道理，往往就會產生自認做

105　第三篇·積善之方

了許多善事,但其實是造了孽的行為,這樣就會白費苦心,一點也得不到利益。

做善事時,我們自以為的「善」往往行使方式不當,不但對他人無益,也會變成罪業。

7 不當假善麻瓜，當個聰明真好人

行善是真是假，是端正還是歪曲？袁了凡教我們用簡單方式判斷，就是觀察「起心動念」。接下來看各種善事方法，有哪些分別和道理。

善的真假

什麼叫做「真善」「假善」呢？

從前有幾位學生去拜見中峰禪師，並且請教他：「佛家說善有善報、惡有惡果，就像影子會如影隨形，但是為什麼某人做了很多好事，子孫卻

不發達,某人作惡多端,家運反而昌隆?是不是佛說的因果報應都是無稽之談呢?」

中峰禪師回答:「凡夫俗子不明事理,對於是非、善惡判斷沒有一個標準,因此容易受到蒙蔽,容易將善的認為是惡的,惡的反而指為善的,這種事常會發生。為何不反省自己將是非標準顛倒了,反而埋怨上天的善惡報應有所差錯呢?」

這些學生不服地說:「善惡是這麼明顯的事,我們怎麼可能會看錯呢?」中峰禪師便要他們把心中認為是善的、惡的事來舉例說明。

有人說:「打人、罵人,這是惡的;對人恭敬,這就是善的。」也有人說:「貪愛錢財而不擇手段,這便是惡;奉公守法,是善。」那些讀書人都各自說出自己的看法,中峰禪師都回應說「這不一定」。

於是，眾人才向禪師請教，到底什麼是善？什麼是惡？中峰禪師告訴他們：「對他人有益而無害，就是善；表面上看起來雖然像做善事，但實際上只對自己有利，那便是惡。如果是對他人有益，那麼就算打人、罵人，也都是善。如果只是為了自私自利，那麼就算對人恭敬、禮讓他人，也都是惡。」

所以，一個人做善事，只要大公無私，為大眾謀福利就是真善；反之，如果只想圖利自己，裝給別人看的善行，就是偽善。發自內心的善行是真善，為了某種目的而做的善，便是假善。這些道理，都應該仔細思考辨別。

善的正曲

什麼叫做「端正」與「歪曲」的善呢？

第三篇・積善之方

現在一般人看到做事小心謹慎，看似忠厚、隨和的人，便認為他是好人，但是聖人卻說這種人軟弱、沒有原則、沒有道德勇氣，容易隨波逐流，反而是道德的「賊」。

為何這樣說呢？因為這些看似小心謹慎的「好好先生」，是站在討好多數人喜好的立場，只要是大多數人喜歡的，他們就支持，也不在乎那些事是否合乎禮法。

古聖先賢寧可選擇看似狂放，但是志在進取而有原則的人。這樣說來，世俗認定的善惡，跟聖人的標準相反。以此推論，一般人所肯定或否定的許多事情，沒有一件是不荒唐的。

天地鬼神對於賜福給善人或降禍給惡人，是非標準都和聖人相同，但與世俗的取捨觀念不同。因此，我們今天想要做善事幫助他人，絕對不可

以只為順乎世俗人情、討好世人目光。不能被自己眼睛喜歡看的、耳朵愛聽的所欺騙，必須默默觀察最細微的起心動念，將自己的心洗得乾乾淨淨。

純粹抱持救世濟人的心念、恭敬他人的心，這就是「端正的善」；若有一絲討好世人、欺騙世人的心，就會變成「歪曲的善」。歪曲的善雖然有做善事的實際行為，但卻失去行善積德的意義。我們在行善時，一定要仔細留意端正與歪曲的分別，才不會淪為道德的賊。

分辨善的「真假」「曲直」，要看對方做善事的出發點、心念是否純粹。若心意不正，就算刻意做了許多善事，在積德方面也是徒勞。

111　第三篇・積善之方

我決定要支持環保，
減少使用塑膠袋，
愛護地球。
通通裝入我的環保袋裡！
你這樣還不是用了
許多塑膠袋嗎？
至少別人看起來
我還是很環保啊！

8 行善的界線

俗話說「為善不欲人知」,但袁了凡舉了兩個例子,來說明有時需要「不欲人知」,但有時也需要「廣為人知」才能改變社會風氣。

行善有界線,效果也會有差別。

善的陰陽

從行善的方式來看,又可分為「陰德」與「陽善」。

凡是行善讓別人知道,就是「陽善」,行善而不為他人所知,就是「陰德」。

行善有時需要「不欲人知」，
有時需「廣為人知」，
才能改變社會風氣，行善有界線，
效果也會有差別。

兩種雖然都是做善事，但是得到的結果差別很大。積了陰德，上天必定會賜福給他，至於陽善，只能享有廣大的名聲，雖然享有名望也是一種福報，但是名氣是天地鬼神忌諱的，多數會招致意想不到的災禍。

反而那些原本沒有犯錯，行善積德卻無故遭人辱罵，這樣逆來順受的人，他們的子孫卻是突然興旺起來。為什麼會這樣？這是因為他受到誤會、批評也不計較，修養很好，做的善事很多，所以子孫的運勢就會很好。

由此看來，陰德與陽善之間的界線，實在非常細微，但是結果卻差距甚大。

善的是非

什麼是善的「是非」呢？

在春秋時代，魯國制定了一條法律，如果國人肯出錢贖回被他國抓走當奴隸的同胞，政府會依例頒發一筆獎金。

孔子的學生子貢在贖了人以後，卻不願去領獎金，覺得做善事不該取得回報。孔子聽到這件事後，很不高興地罵了他：「這件事你做錯了啊！身為一個君子，做任何事情的目的都應該是轉移風氣、改變習俗，給百姓做榜樣。可現在你卻因為怕被人以為你貪財，而拒絕賞金。要知道，魯國大多數都是窮人，你這樣創下惡例，讓大家以為贖人接受賞金是丟臉的事，以後還有誰願意出錢去贖人回國呢？」

而孔子的另一個學生子路，他曾經救了一個溺水的人，這人送了子路一頭牛，來報答他的救命之恩，子路很欣然地接受了。

孔子聽到後很欣慰地說：「從今以後，魯國一定有更多人願意自動自

發去救溺水的人了!」

＊＊＊

以上這兩個例子,就一般世俗的眼光來看,子貢不接受獎勵是廉潔的表現;子路接受了贈牛,這樣於禮法則不適宜。但是孔子卻稱讚子路而斥責子貢。由此可知,一個人做善事,不可只依當時行為來判斷好壞,而該考量以後發生的影響。不可只看一時對錯,而必須想到長遠之後的結果;不可只論個人得失,而必須看對大眾的影響。

所以,如果做一件事,表面上雖然很好,但是對社會有不好影響,那麼「是」善而「非」善。

關於「是非」的事太多了!眼前所做的行為雖然不像是好事,但對現在社會以及人們會有良好示範作用,這是表面上「非」善,實際「是」善

第三篇・積善之方

行善的「陰陽」或是「是非」，不是以世俗眼光來看，而是看影響的深遠，若對整個社會、人性有益，就是真善，否則就是顛倒是非的善。

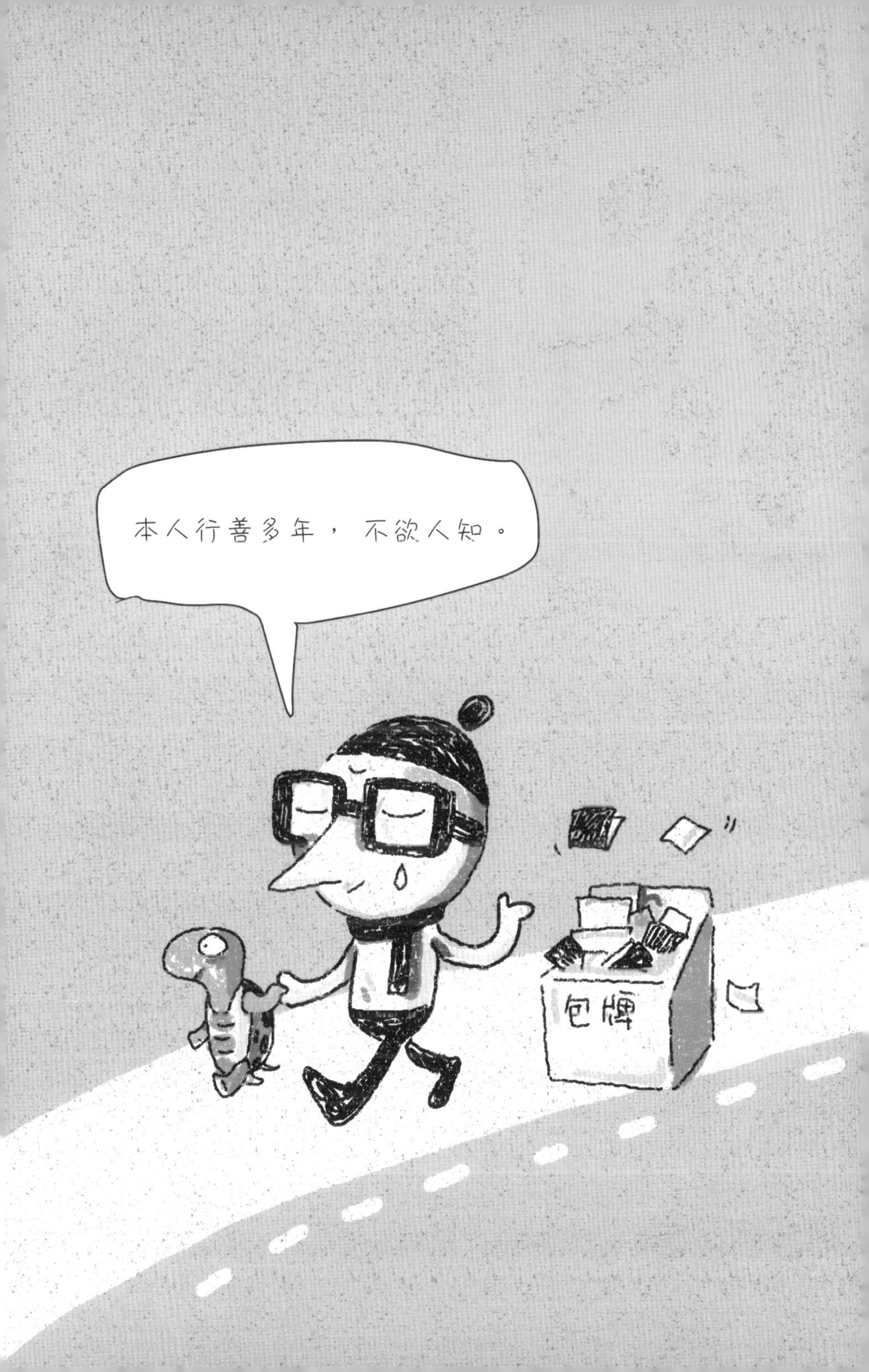
本人行善多年，不欲人知。
包牌

的事。

所以，評斷一件事情時不可只看表面。像是看來合乎義理，其實跟義理並不符合；看來合乎禮節，卻過分恭維，實際也違背禮；看來似乎很守信用，卻只顧全小信缺乏大信；看來對晚輩很慈愛，其實是姑息、縱容。像這樣似是而非的情況很多，都應該仔細做選擇。

行善的「陰陽」或是「是非」，不是以世俗眼光來看，而是看影響的深遠。若對整個社會、人性有益，就是真善，否則就是顛倒是非的善。

120

9 善的真實面貌

有人做善事，卻演變成壞事；有人做壞事，卻導致善的結果。做小善事，卻有大功德；做大善事沒做完整，那就是半善。所以行善有方法，也受心念影響。

善的偏正

什麼是善的「偏正」呢？

從前有位呂文懿宰相，因為人品端正、為官清廉，受到全國人民敬慕。

所以當他辭官回鄉時，仍非常受到鄉民的愛戴與敬重，就像仰慕泰山北斗

121　第三篇・積善之方

有位鄉民在酒醉時,跑到呂文懿家門口對他胡亂咆哮,他告訴僕人:「這個人喝醉了,不要跟他計較。」於是就關起家門,不理會他。過了一年,那人因為長年酗酒,終究惹禍上身,犯了死罪而被關進監獄。

呂文懿後悔地說:「假使當時跟他稍微計較一下,把他送到官府處罰,或許可藉由這種小小懲罰使他得到教訓,也許今天就不會犯下大錯了!當時我只想到寬厚待人,沒想到讓他養成不好的行為,落成做壞事的地步。」

這就是存著善心卻變成做惡事的例子。

再舉一個存了惡心卻做善事的例子。

某年發生了大饑荒,許多家境貧窮的百姓餓得受不了,就在白天時公

然在街道上搶劫米糧。

有位富人將這件事告到縣府，但是縣官卻不理會，於是這些窮困百姓就變本加厲行搶。這位富人擔心自己米行會因此受到損失，就私下將搶米的人抓住，關起來羞辱、拷打。沒想到，那些搶劫糧食的人受到這種懲戒，就不敢輕舉妄動，並且不再到處搶糧，地方才平靜下來。

所以說，大家都知道善的事是「正」，惡的事是「偏」。可是也有存著善心卻演變成惡事，這就叫「正中之偏」。而原本存著惡心，反而做成善事，就叫做「偏中之正」。這種道理應該要小心，更加謹慎了解才是。

滿善半善

什麼是「半滿」呢？

第三篇・積善之方

《易經》提及:「善事如果不去累積,就不能成就美好名聲。惡事如果不去累積,也不會惹來殺身之禍。」

《書經》上說:「商朝末年紂造的罪孽太多,就像銅錢穿滿了整串,毫無縫隙。」

做善事就像物品裝滿了容器,如果能夠認真累積,有一天自然就會積滿,這是「滿善」。如果懈怠而不累積,就像瓶子裝了一半,表示善事是做了,但卻不圓滿,這就是「半善」。

從前有個貧困女子去到佛寺,想佈施卻沒有錢,找遍全身只有兩文錢,就全數捐給寺院。然而,寺院的住持和尚仍親自替她在佛前懺悔祈福。後來,這名女子進宮當了皇帝的妃子,享盡榮華富貴,便帶著好幾千兩的銀子到寺裡佈施,但住持和尚卻只派個徒弟替她做迴向祈福。

那名女子感到很困惑,就問師父:「以前我不過只佈施兩文錢,您就親自替我祈福。現在我捐了好幾千兩銀子,您卻不願替我迴向祈福,這是為什麼呢?」

住持師父說:「從前妳佈施的金錢雖然微薄,但佈施的心卻十分真誠,若不由我親自替妳懺悔祈福,就不足以報答。今天,妳捐的錢雖然多,但心意不像以前那般真誠,所以我叫人代為懺悔就已足夠了。」

這就是千金為半善,而二文卻為滿善的例子。

再舉個例子,以前有位神仙鍾離,想把點金鍊鐵法術傳授給呂洞賓——這是一種將丹點在鐵上,使之變成黃金的道術,可以用來救濟世上貧苦的人。

呂洞賓便問他:「變成黃金以後,還會不會變成原來的鐵呢?」

第三篇・積善之方

鍾離回答：「等到五百年後，就會變回原來的鐵。」

於是呂洞賓說：「既然五百年後仍會變回鐵，那麼我豈不是害了五百年以後的人？這種事我不願意做！」

鍾離聽了以後，很高興地說：「本來修仙要積三千件功德，就憑你這句話，三千件功德已經圓滿。」

這是半善、滿善的另一個說法。

再者，雖然做了善事，但若心裡並不惦念所做善事，那麼任憑你做什麼樣的善事，最終都能功德圓滿。反之，如果心裡老是念念不忘做過的善事，雖然一生都非常勤勉行善，也只能算是半善而已。

就像拿金錢來幫助他人，如果能做到內心對善舉沒感覺，也不覺得有誰在接受幫助，更不去想自己佈施多少錢，當這三者都完全不會放在心

上，心裡自然十分清淨。就像佛經說的「三輪體空」——內心清淨不留一點痕跡。

如果能做到這個境界，那麼就算只佈施一斗米，也可以種下無量無邊的福田；縱然只是一文錢，也足以消除累世千劫所積的罪業。反之，如果助人後仍念念不忘，期待得到回報，或是捐了錢卻有捨不得的心，那麼就算佈施黃金萬兩，也只是半善而已。

這又是另外一種說法。

這裡提到行善的境界——「三輪體空」，誠如《金剛經》說：「無我相、無人相、無眾生相、無壽者相。」達到無我及利益他人心境，便是行善的最高境界！

10 變大變小都在一念之間

俗話說「一念天堂，一念地獄」，行善與行惡也是如此。一個惡念生起，可重如泰山；一個善行雖輕如羽翼，卻影響深遠。警誡我們為人處世，不得不慎。

善的大小

怎麼叫做「大善」「小善」呢？

從前有一個叫做衛仲達的人，曾在朝廷當官。有一次鬼卒把他的魂引渡到了陰曹地府。閻羅王派判官將他的善惡簿送上來，拿給衛仲達看。他發現，他的惡事冊子竟多得可以擺滿整個院子。而善事的冊子，只有幾張

俗話說「一念天堂,一念地獄」,
行善與行惡也是如此。一個惡念生起,
可重如泰山,一個善行雖輕如羽翼,卻影響深遠,
警誡我們為人處世,不得不慎。

紙而已，就像筷子那麼細。

閻羅王又吩咐手下把兩種簿子拿秤來秤秤看。說來奇怪，擺滿庭院的惡事冊子竟然比只有幾張紙的善事簿輕。

衛仲達困惑地問：「我年紀還不到四十歲，怎麼會犯下這麼多的過失罪惡呢？」

閻羅王說：「只要一個念頭不正，就是罪惡，不一定要做了才算。」

衛仲達又問：「為何這善事的簿子那麼重？裡面是記載什麼呢？」

閻羅王說：「有一次皇帝想要大興土木，重修福州地方的石橋。你上奏章勸誡皇帝不要修葺，以免勞民傷財。這個就是你的奏章底稿。」

衛仲達困惑地說：「雖然我上了奏章，但是皇帝沒有聽我的提議，還是動工了。這件事情我並沒有功勞，可是這份疏表怎麼還有這麼大的力量

閻羅王說：「皇帝雖未聽從你的建議，但是你這一念不是為了自己，而是為了大眾百姓免於吃苦，這個善功很大。如果朝廷接納了提議，你的善功就更大了。」

由此可知，立志做善事，目的在利益國家百姓，那麼善事雖小，功德卻很大。如果只為了利益自己，那麼做的善事雖然多，功德卻很小。

善的難易

什麼是「難行與易行」的善呢？從前有學問的讀書人，談到克己修身，都說要克制自己的私心，從最難克服的地方先做起。問孔子怎樣叫做仁？孔子也說，要從最難的地方下功夫。

孔子所說的難，就是從去除私心下手。

江西有位舒老先生，他看著一個窮人家，恐怕就要因此坐牢而妻離子散了。這位舒老先生就把他教書兩年所得的薪水，都拿出來代替窮人繳罰款，使這家人能夠團圓。

又像河北邯鄲的張老先生，看到有一戶窮苦人家，於是把十幾年省吃儉用的積蓄，全部用來幫助他人。

江蘇鎮江的靳老先生，年老無子，有位鄰居看到他這樣，願意把年輕女兒許給他做妾，替他生一個兒子。可是他想一想，自己再活也沒幾年時間，這樣不就耽誤這年輕女孩的青春，所以還是拒絕了。

以上這些善舉，都是做別人所不願做，忍別人所不能忍，所以上天賜給他們的福報也會特別豐厚。

凡是有財有勢的人要立功德，皆比平常人來得容易，但是容易做卻不肯做，就是自暴自棄。而沒錢沒勢的窮人要做到這些，會有很大的困難，這才難能可貴啊！

常有人說：「我有錢後要如何做善事！」然而，袁了凡舉了這些看似簡單的善事，雖然行善者並不豐裕，但仍願意切身處地替他人著想，更加難能可貴。

11 十個做善事的妙方（上）

行善重在「實踐」，縱使知道再多道理，若不實踐，就只是空口白話。袁了凡舉了許多做善事的例子，並列舉十個方法，讓大家能夠真正切身實踐做善事。

行善的種種道理與分別，上面已經說得很清楚。接下來，我們來談談隨緣盡力行善，哪些是善事的例子。

第一、與人為善

看到別人起了善心要做好事,我就鼓勵他,使他善心增長。要是他力量不夠,做不成功,我就幫他,使他做成功,這就是「與人為善」。

舉例來說,在舜還沒有當君王時,有一天他在雷澤湖邊,看到年輕力壯的漁夫總會佔據湖水最深處、水流緩慢、魚藏豐富的地方抓魚;而那些年老體弱的漁夫,就只好擠到不易抓魚的急流淺灘處。

舜看到這些弱勢的人抓不到魚,心裡很替他們難過。於是就想了一個方法——自己也加入捕魚行列,只要遇到有人過來搶魚,就禮讓他們。看到比較謙讓的漁夫,便到處稱讚他們,宣稱要以他們為榜樣。如此經過一年,大家都養成禮讓的好習慣,便把水深魚多的地方讓出來了。

以舜這樣有大智慧的聖人,為何不直接用言語教訓他們,而是選擇以

135　第三篇·積善之方

身作則的方式呢？因為言教不如身教，以自己作榜樣，希望大家潛移默化，自動改過向上，實在是用心良苦啊！

生在末法時代，千萬不要以自己的長處來蓋過別人。別人有不善的事情，不可以故意把自己的善行拿來跟別人比較。別人能力不及自己時，不可以用自己的能力來為難別人，自己縱然有聰明才智，也要收斂起來，就像沒有聰明才幹一樣。

見到別人有過失，私下給予勸諫，這樣一來讓他有改過自新的機會，二來不說破，讓他心生慚愧而不敢放肆。見到別人有可以學的長處，哪怕是一件小小的善事，也要虛心學習，並且稱讚他，廣為流傳，讓大家都願意學習他的優點。

如果一個人在日常生活裡，一言一行都不是想著自己，而是為大眾利

136

益著想，那麼就是真正地做到「與人為善」。

第二一、愛敬存心

凡是對學問比我好、年紀大、輩分高的人，都應該心存敬重。而對年紀比我小、輩分低、家境窮的人，都應該要心存愛護。

什麼叫做「愛敬存心」呢？

君子跟小人從外貌上來看，經常容易混淆，分不出真假。因為小人會裝假仁假義來冒充君子。不過君子跟小人不同的是存心，就跟黑白一樣分明。君子所存的心，是愛人敬人的心；小人存的心，則是自私自利。

因為人雖然有親近、疏遠、尊貴、低微、聰明、愚笨、道德、下流的種種差別，但都是我們的同胞，都跟我一樣有生命、血肉、感情，怎麼能

137　第三篇・積善之方

不愛他、敬他呢？愛敬眾人，就是愛敬聖賢，能夠明白眾人的志趣，就是明白聖賢之道。這是為什麼呢？

因為聖賢原本就希望世人都能安居樂業，過著幸福快樂的生活。所以，能夠處處敬人、愛人，這樣世上的人都能個個平安幸福，也就是代替了聖賢，安定了世間眾生。

第三、成人之美

看見別人做好事，我們應該要樂觀其成，勸他盡心盡力去做。別人做善事遇到阻礙，不能成功時，應該想方法指引他，而不可心生嫉妒來扯他後腿。

什麼是「成人之美」呢？以處理玉石的例子來說，若將裡面藏有寶玉

138

的石頭隨便亂丟、拋棄，那麼裡面的石頭就不過像瓦片碎石一般，一文不值了。但如果將它加以離刻琢磨，便可脫穎而出。

人也是如此，全靠勸導提引，才能成為一個很好的人。所以當我們看到別人做一件善事，或是這個人立志向上，就應該好好鼓勵、引導、提拔他，使他成為社會上有用的人。若他遭人攻擊毀謗，我們就替他辯解或代他承受，減輕他的負擔，這就是「分謗」。

總之，就是讓他能夠在社會上安身立足，將善事發揚光大才能停止，我們才算是盡心盡力。這樣的行為就是「成人之美」。

第四、勸人為善

遇到做惡的人，要勸他做惡絕對會有不好報應和結果，千萬不能做。

第三篇・積善之方

碰到不肯做善事，或是只肯做一點小善的人，就要勸他做善事絕對會有好報，善事不但要做，而且還要做得多、做得大。

什麼是「勸人為善」呢？只要是人，大多會受到名利、色慾誘惑，因此墮落，斷送大好前程。

所以與別人往來，如果眼看他要墮落了，就應該隨時提醒、警告他。就像他在黑夜裡做了渾渾噩噩的夢而變得驚慌，一定要喚醒他；又譬如見他長久陷落在煩惱的情緒裡，就要告誡他以解開迷惑。像這種善事是很容易做到的，韓愈曾說：「開口勸人改過遷善，比不上書本以書勸人。」這裡的說法是以口頭、書籍來勸人為善，與前面講的「與人為善」比較起來，雖然較重形式，但也能對症下藥，往往會有特殊效果，也是不能放棄的。

140

但是勸人也要有勸的技巧，譬如，這個人個性倔強，不可用話語來勸，不然非但是白勸，還可能導致反效果，你可用話語勸告卻不勸，錯過勸人為善的機會，這叫「失人」。不管是失人或失言，都應該要仔細反省檢討。

第五、救人危急

遇到他人最危險、最困難、最緊急的關頭，要能夠適時伸出援手救助，替他解決困境，不能裝作沒看見或不知道。

人生難免會遇到困難，若是遇到別人處境不易，應該將心比心，設法給予協助讓他度過難關。如果遇到冤屈、壓迫的事，就該用話語或種種方法來救濟他的困難。

141　第三篇・積善之方

明朝的崔子曾說：「恩惠不在乎大小，只要在別人危急的時候，趕緊去幫助他就可以了。」予人甘露及時雨，這是幫助人很重要的原則。

以上五點皆是從「行善的心態」入手，不管是待人態度、成全他人、替人解惑，或是解決急迫困難，都是促使我們在日常生活中以隨手易行的角度，鼓勵人們多做善事。

12 十個做善事的妙方（下）

行善應是以蒼生為服務對象，所以無論食衣住行，乃至宇宙萬物，都是服務對象。如何讓善法不斷循環，就有賴宏觀的世界觀。

第一、興建大利

也就是做利益大眾的事情。

什麼叫做「興建大利」呢？小至一鄉，大至一縣，凡是有益公眾的事，都應該發起興建。譬如興建公共設施，像是修橋鋪路以便利行人往來、建築堤岸來預防水災，或是施送茶飯來救濟飢餓、口渴的人等等。

一個好的行政設施,能讓很多老百姓都得到好處,就算沒有花大錢,也算是「興建大利」。

第二、捨財作福

能夠捨取錢財,救助他人。

什麼叫做「捨財作福」呢?佛教裡面的種種善行,以佈施最為重要。

講到佈施,就只有一個「捨」字。明白這個道理後,就什麼都肯捨,小至錢財,大至個人的生命。

不過一般人不容易做到捨身為人,不如先從佈施財物做起,如此一來,對內可以破除自私吝嗇的習性,對外還可以救助他人急難。

不過錢財不易看破,雖然初期做起來會有一些勉強、心疼,但久了就

會慢慢習慣，也就沒有什麼捨不得了。這是最容易整治內心的貪念私心，也可去除自己對金錢的執著與吝嗇，這便是捨財作福的好處。

第三、護持正法

這個「法」泛指各種宗教，有正知正見的法。

正法是有情生命真理、生活準則，如果沒有正法就無法了解天地造化的道理。

所以，凡是看到聖賢的寺廟、圖像、經典書籍，都應該加以敬重並予以愛護與整理。至於弘揚佛門正法來報答佛恩，更是應該認真去做。

第三篇・積善之方

第四、敬重尊長

凡是學問淵博、品德高尚、長官上司、年紀大、輩分高、職位大，都稱為尊長。不可看輕他們。

凡是年歲、道德、職位、見識高的人，都應該格外敬愛尊重。

在家裡侍奉父母，要有深愛父母的心與柔順態度，而且聲要和、氣要平，這樣養成習慣，才能獲得上天保佑。

出門在外侍候君王，不論什麼時候，都該依照國法去執行，不能因為無人監督而放肆。審判一個犯罪的人，不論罪輕或罪重，都要仔細且公平地審案，不可因君王不知道，就仗著權勢冤枉人。

自古以來，那些忠孝人家的子孫，沒有不昌盛且前途興旺的，所以一定要謹慎去做。

第五、愛惜物命

凡是有生命的東西,即使小如螞蟻也有知覺,應該憐憫他們,不能亂殺亂吃。

什麼叫做「愛惜物命」呢?人之所以為人,就是有了「惻隱之心」。所以孟子才會說,沒有惻隱之心就不是人。周朝禮法曾說:「每年正月,正是畜生最容易懷孕的時候,這時祭品勿用母的,因為要預防牲畜肚裡有胎兒。」

孟子也說過:「君子住的地方要遠離廚房,因為君子有慈憫之心。」

所以,先賢有四種不吃肉的禁忌。一、聞聲不食,即聽到動物被宰殺的聲音,不吃。二、見殺不食,看見他被殺的時候,不吃。三、自養者不食,自己養大的,不吃。四、專為我殺者不食,專門為我殺的,不吃。

若是無法立即做到斷食葷腥的仁心，也應該依照這四條戒律，禁戒少吃肉食，慈悲心也會逐漸增長。

有時我們在日常生活中無法不殺生，這時要想想佛法所講，萬物一切都有生命。像是古人為了抽取蠶絲來製成衣服，就須先將蠶放進水中燒煮；農夫為了耕田，挖掘土地，以致傷害許多蟲類。想到一件絲織衣服、一點糧食，有多少生命在裡頭，才成全了我們的日常生活。

因此，當我們不愛惜東西，飯菜吃剩就丟棄，這是造孽。平常走路、舉手投足之間，都可能因為不小心而誤傷許多小生命。這些都應該盡量避免、防範。

古時有首詩的大意說：「愛惜老鼠生命，所以留下剩飯。為了憐惜飛蛾撲火喪命，所以不點燈，這是多麼仁慈的心啊！」

148

總之，善的事情無窮無盡，說也說不完。若能從這十項事情做起，千萬般的功德也就圓滿具備了。

以上這五個方法，從大方向來講是「利益眾生」，從做公共建設、捐錢助人，再到闡揚倫理、弘揚正法、愛惜眾生。做到這一切，就能在宇宙間做好善的循環。

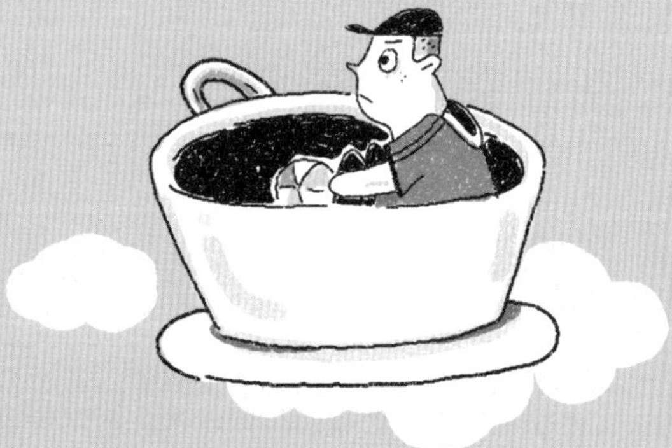

第四篇

謙德之效

1 好運總是眷顧謙虛的人

這篇專講謙虛的好處，初學行善的人，難免會產生驕傲心態。如果一個人行善時，會時時唯恐自己做得不夠，既謹慎又不計成失，就能收到謙虛的效果。

《易經》上說：「上天對於驕傲自滿者，自然會使他減損，卻會使謙虛的人受益。」就像月亮到最圓的階段，必定會慢慢變成缺損狀態。大地的道理也是一樣，在過度滿溢時，也會使它有所變動，就像高山的水總會流向低窪的地方來填補。

鬼神也是如此，對於驕傲自滿的人，就會讓他受到一點懲罰；但是對於謙虛的人，卻會庇護他得到應有的福報。

人心也是如此，大家都喜歡謙虛的人，厭惡驕傲自大的人。在《易經》的六十四卦中，每卦都有吉有凶，只有「謙卦」的六個爻，全部都是吉卦，沒有凶險。

《書經》說：「盈滿就會招致虧損，謙虛才會受到利益。」我多次和眾人一起參加考試，每次都觀察到，那些貧寒的讀書人將要考中、發黃騰達時，他們的臉上都會出現吉祥光彩，而且越謙虛，光芒就越逼人，彷彿可用手捧起來的樣子。

第四篇・謙德之效

命理學上，好運者總是紅光滿面；壞運者則是烏雲罩頂，難以接近。不管從命理或待人接物的角度，持有謙虛心態，使人樂於親近，連天地鬼神都願意幫助他。

新手上路
請多指教!

好運總是眷顧謙虛的人

2 小鮮肉也能忍受大屈辱

年齡大小與學識多寡,是否就能決定成就多寡?袁了凡特意舉同鄉年輕人的故事,告訴我們,擁有高成就跟年紀與學問無關,而在於修養高深。

接下來,我就要說說我看到有關謙虛而受益的幾個故事。

在辛未年,我和幾位同鄉一起踏上前往京城赴試的路途,總共有十個人,其中年齡最小、態度最謙虛的是丁敬宇。

有一次,我跟朋友費錦波提起丁敬宇這個人,我相當自信地說:「這

個小老弟一定會考上。」費錦波納悶地問我為什麼這麼說呢？

我笑說：「因為只有謙虛的人才能得到福報。在我看來，我們這十個人中，只有他最忠厚誠懇，處事也最小心謹慎，你有見過誰忍受侮辱而不發怒？聽到毀謗中傷而不爭辯嗎？他的修養如此之高，自然是天地鬼神護佑，讓他必定考中進士。」

放榜那天，果然如我所料，丁敬宇考取了進士。

一般人受到毀謗或是屈辱，總會急著表達不滿情緒。然而這個故事告訴我們，謙虛和修養才是成功關鍵。

157　第四篇‧謙德之效

越謙虛的人
如同結實的稻穗一般越低頭

3 謙虛的容顏

林肯曾說：「一個人四十歲以前的容顏是由父母決定的，但四十歲以後的容顏就是自己決定的。」人保有謙虛態度，面容與命運自然也會隨之改變。

丁丑年，我在京城遇見了童年玩伴馮開之，跟以前的他相比，簡直判若兩人。他變得非常謙虛，完全不像小時候的驕傲模樣。

我之所以會這麼說，是因為我跟馮開之在京城相遇時，也認識了他的朋友，名叫李霽岩。此人個性耿直，經常當著眾人的面，毫不客氣地指責

馮開之的錯誤，只見馮開之被責備時，不僅沒有為自己辯解，臉上也沒有露出不悅神情。

我就跟馮開之說：「一個人之所以會得到福報，在於他有種下獲福的根源。如果招致災禍，也一定是有招禍的先兆。只要你為人處事正直謙虛，上天一定會加以扶持和幫助你，我相信你今年一定會考上進士。」

後來放榜了，馮開之果然考上進士。

從這則故事中，可了解一個人的命運取決於他的品行和行為，真誠、謙虛的人往往會得到上天更多的祝福。

謙虛的容顏

「一個人四十歲以前的容顏是由父母決定的,
四十歲以後的容顏就是自己決定的。」
人有謙虛態度,自然面容與命運也會隨之改變了。

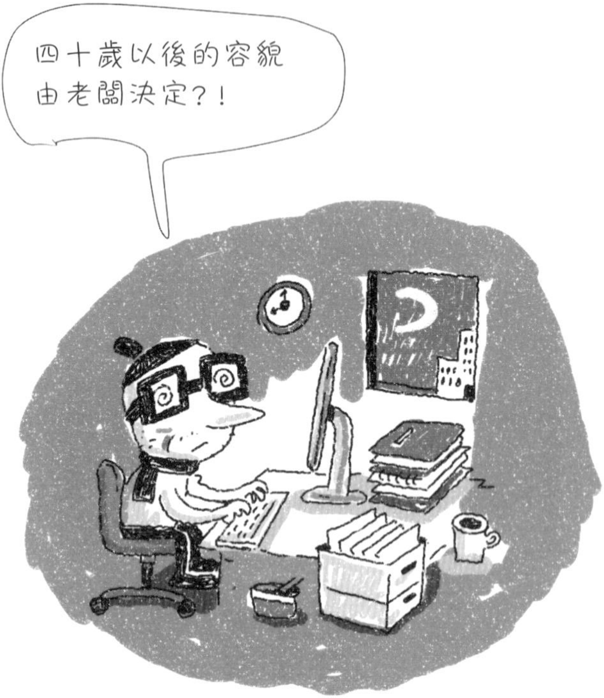
四十歲以後的容貌
由老闆決定?!

4 皇天不負「苦」心人

常見有人遇到挫敗時就怨天尤人，千錯萬錯都是他人的錯，從不反省自己過失，深陷在怨懟中，也失去導正自己的機會，就會不斷重複失敗的命運。

山東冠縣的趙裕峰先生，在鄉試時考中了舉人，但他每次上京城參加考試都考不中科舉。

後來，他跟隨父親到嘉善縣任職主簿的任所，當時他非常崇拜當地學者錢明吾先生的學識，就拿著自己的文章去請教錢先生，沒想到錢先生不

常見有人遇到挫敗時，就怨天尤人，
千錯萬錯都是他人的錯，

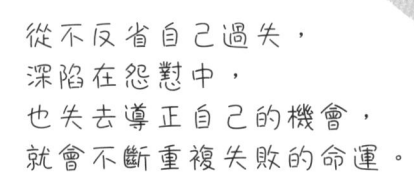

從不反省自己過失，
深陷在怨懟中，
也失去導正自己的機會，
就會不斷重複失敗的命運。

客氣地將他的文章大幅塗改。

趙裕峰非但不生氣，反而十分佩服地接受這些修改並加以改進。第二年，他又一次參加考試，終於考上了。

故事中的趙裕峰之所以能改變命運，也是因為能「苦」其心志，虛心接受他人嚴厲的批評，願意改進自己的文筆，最終皇天不負有心人，成功考上科舉。

5 當面光彩奪目的鏡子

人之所以沒有福報,往往是缺乏智慧判斷力。而智慧的誕生卻仰賴修為,透過謙虛態度與穩重舉止,才能如實走好人生每一步,福氣自然就會到來。

壬辰年時,我入京參見皇上,並且與夏建所見面,他給我的印象非常深刻。他的態度很謙遜,一點都不驕傲。他身上散發的謙和之光就像一面明亮鏡子,能夠照亮身邊的人。

我告訴朋友:「這個人未來注定會有大成就。上天在還沒有給他福報

前，必定會先給予他智慧。當智慧閃現的時刻，原本輕狂的人就會變得舉止穩重、做事實在，原本放縱的人也會學會自律。夏建所為人展現的和善以及謙虛態度，正是上天為賜予他福報的預兆。」

果然，當榜單揭曉時，他如願考上了。

有人就像明亮、溫暖的陽光，謙虛有禮，常替他人設想。散發的和善光采讓人樂於親近，不僅照亮自己也照耀他人，所以才得道多助，也是能有所成就的原因。

6 善心是無量的財富

你相信「命運」還是「運命」？雖然命運是與生俱來，人生際遇是固定腳本，但是願意改變自身修為，命運的天秤也會因此傾斜，而由自己改寫結局了。

江陰的張畏巖，是一位文學造詣深厚的讀書人，在文壇頗負盛名。甲午年時，他到南京參加鄉試，借住在一間寺廟。放榜那一天，看到榜單上沒有他的名字，就惱羞成怒，當場大罵主考官有眼無珠。

有位道長在旁看到這一幕，就面露微笑。於是，張畏巖就遷怒於這位

道長。道就說：「你沒考上，想必是文章寫得不好。」張畏巖聽到後就更火大地說：「你又沒看過我的文章，怎麼知道寫得不好！」

道長回答說：「聽說寫文章要心平氣和，現在看你破口大罵的樣子，怎麼能寫好文章呢？」張生聽了以後感到羞愧，覺得道長講的話很有道理，不知不覺就服氣了，反過來跟道長請教這個道理。

道長說：「要考取功名，也是要靠命運。命裡不該中試，文章寫得再怎麼精巧也沒用。自己必須在性情上先做轉變。」

張生困惑地問：「既然功名已是命中註定，又怎麼可能改變命運呢？」

道長回答：「造命的大權雖然操在上天手中，但立命卻是自己能掌握的。只要能夠努力行善、廣積陰德，又有什麼福報不能求到呢？」

169　第四篇・謙德之效

張生又問他：「我是一個貧窮的讀書人，有什麼能力做善事呢？」

道長說：「做善事、積陰德，都是從心地生出來的，若能長存這份善心，功德就無量了。就像謙虛這件事，不需花錢就能得到，你怎麼不自我反省不能中試的原因，卻偏偏去罵主考官呢？這就是你的過失。」

張畏巖從此徹底醒悟，改掉了自己的傲慢習氣，隨時隨地自我約束，並且每天加緊做善事，因此功德也累積得越來越厚。

到了丁酉年，他夢見自己走進一座高樓，看到一張考試錄取名單，可是發現裡面有很多行空白，他不解地問旁邊的人，為什麼會有空白呢？

旁人回答：「這是今年的錄取名冊啊！在陰間，會對參加科舉考試的人，每隔三年考察一次，必須是積有功德而且沒有過失的人，才能榜上有名。像這份名冊前面缺少的，都是原本可以考取，卻因為最近做了缺德的

170

事而被刪除的。」

後來又指著其中一行空白行說：「你最近三年來都在謹慎修身，或許可以補上這個空缺。希望你能持續潔身自愛。」這一年，張畏巖果然考中了第一〇五名的舉人。

俗話說：「萬丈高樓平地起。」做人做事也是如此。就像故事中的張畏巖，改掉傲慢習氣，努力修身養性，也讓自身命運再上一層樓。

7 從自我視角轉向俯瞰全世界

俗諺說：「舉頭三尺有神明。」人若不敬畏鬼神，就會放縱身心慾望，陷入萬惡不復境地。當人能意識天地鬼神存在，就會自律而利人，而得到神靈護佑。

由以上這幾個故事來看，正應驗俗話所說：「每個人頭上三尺處，都有神明在鑒察。」確實是有道理的。

趨吉避凶，絕對是由自己來掌握決定。

我們必須使自己的存心保持良善，時時要約束自己，不要得罪天地鬼

神,並且要謙虛不驕傲,抑制自己的不當行為。如此一來,一定能得到天地鬼神的照顧,享有上天的福報庇蔭。

那些驕傲自滿的人,一定沒有什麼遠大成就,也成不了大器。縱然僥倖發達了,也會無福消受。因此,那些稍有智慧見識的人,必定不會讓自己的心量變得狹小,而阻絕了應有的福報。更何況謙虛的人才會有廣闊胸襟,來虛心接受他人教導,也才會願意學習他人善行而受益無窮。這些觀念是我們做人一定不能缺少的。

古時候有句話說:「心裡只要有求取功名的志向,必定能夠獲得功名;有求於富貴的志向,必定可得到富貴。」一個人有了志向,就像樹木有了根,自然而然能夠生出枝葉,進而開花結果。

而且立定了志向以後,還必須念念不忘「謙虛」,即使碰到灰塵那般

173　第四篇・謙德之效

的微細小事，也能處處給人方便，能夠做到這樣的話，自然能夠感動天地。

要知道，修造福報全掌握在自己手中。

現在那些想求取功名的讀書人，有幾個是有真誠的志向？只不過是一時興起，就拚命追求考功名，等到興致退去時，也就放棄了。如此散漫的態度，哪裡會成功呢？

孟子曾對齊宣王說過：「陛下喜歡音樂是出自真心的嗎？如果是出自真心，那麼齊國國政就有興盛的希望了！」

孟子所說的話，是希望齊宣王能將個人得到的快樂，擴展到讓全國百姓也能獲得快樂。若是以希望全國百姓得到幸福快樂的心態來施政，那麼國政勢必日漸清明，齊國的國運自然能富強康樂。

所以我說求取功名也是這個道理，一定要將求功名的狹隘私心，轉變

174

成利益天下蒼生的廣大志向。一天一天地將所做善事的度量加多、加大，便可以廣積陰德。

這樣一來，命運就無法拘束我，也沒有求不到的福報。

積陰德就像存款，積得越多，善德就越多，內心也越踏實。待人真誠，為人處世也會如魚得水，福氣也從此而來，不受既定命運所限。

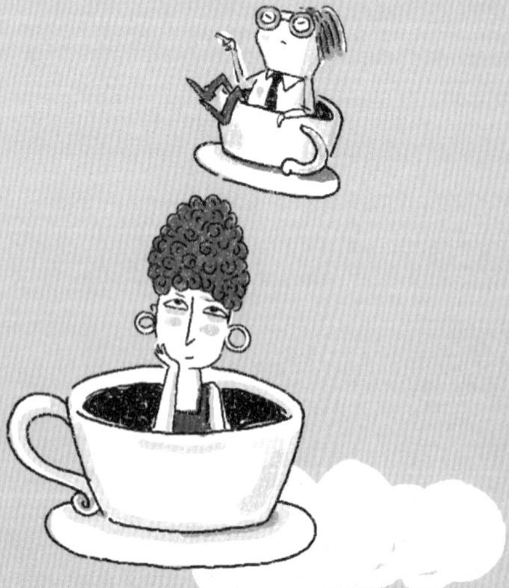

附錄

附錄一 〈準提咒〉的咒語及持誦方式

咒語

稽首皈依蘇悉帝。
頭面頂禮七俱胝。
我今稱讚大準提。
惟願慈悲垂加護。
南無颯哆喃。
ㄋㄚ ㄇㄛ ㄙㄚ ㄉㄨㄛ ㄋㄢˊ
三藐三菩陀。

俱胝喃。ㄑㄡˊ ㄇㄧㄠˊ ㄋㄢˊ ㄊㄨˊ ㄊㄨㄛˊ

怛姪他。ㄐㄩ ㄓˊ ㄋㄢˊ

唵。ㄉㄚˋ ㄓˊ ㄊㄨㄛ

折戾主戾。ㄨㄥ

準提娑婆訶。ㄓㄜˋ ㄌㄧˋ ㄓㄨˇ ㄌㄧˋ

ㄓㄨㄣˇ ㄊㄧˊ ㄙㄨㄛ ㄆㄛˊ ㄏㄜ

咒語意義

整句咒意是：

「皈依七千萬如來，即說咒曰：『唵！隨著準提（清淨）菩薩前進，成就圓滿。』」

「皈依諸佛，隨著清淨之菩提心前進，而成就佛果。」

持咒方式

雲谷禪師曾教袁了凡持〈準提咒〉的方法：「無記無數，不令間斷，持得純熟，於持中不持，於不持中持，到得念頭不動，則靈驗矣！」就是持誦時不執著於計數，達到隨時隨地將〈準提咒〉都記存心中的境界。

〈準提咒〉又稱〈準提佛母心咒〉〈準提陀羅尼〉〈準提咒〉〈準提神咒〉〈準提真言〉,屬於觀音法門之一,在北周時傳入中土。禪門、淨土宗都有許多人持誦,也是寺廟早晚課的十小咒之一。此咒以靈驗著稱,能讓所求圓滿。因此,如果遇到困難、修行障礙的人,可以鼓勵他們修持此咒,藉此改變因緣。

附錄二
雲谷禪師授袁了凡功過格（參雲棲大師自知錄）

陳癸丞提供

一、功

准百功：

救免一人死。完一婦女節。阻人不溺一子女。為人延一嗣。

白話：救一人免於死難，保全婦女的節操。勸阻他人不可溺愛子女。為人延續後代子嗣。

准五十功：

免墮一胎。當欲染境，守正不染。收養一無倚。葬一無主骸骨。救免一人流離。救免一人軍徒重罪。白一人冤。發一言利及百姓。

白話：要求自身及勸導他人不要墮胎。處於易被慾望操控環境，而能端身正意，不被慾望所左右。收養一個無依無靠的人。安葬無人處理的骸骨。救助一人免於充軍的重罪。洗刷一個人的冤屈。發表一次有利於社會百姓言論。

准三十功：

施一葬地與無土之家。化一為非者改行。度一受戒弟子。完聚一人夫婦。收養一無主遺棄門孩。成就一人德業。

白話：佈施土地於貧窮無地之人，安葬已逝去親人。教化一個為非作歹的人改過從善。度化一受戒弟子。不可教唆他人離婚、幫助分開的夫妻重聚。收養被棄嬰孩。出錢或是出力，成就一個人的道德學問。

准十功：

薦引一有德人。除一人害。編纂一切眾經法。以方術治一人重病。發至德之言。有財勢可使而不使。善遣妾婢。救一有力報人之畜命。

白話：推薦引導一個有品德道行的人。除去危害一方的惡人。編輯一切正法經典用於宣揚流通。用醫學、卜筮、星相等治癒人的重病。發表與至高德性相應的言論。不以財勢威逼於人。善待僕人，遣離時給予豐厚資遣費。救護一隻有力報答人類的畜牲生命。

准五功：

勸息一人訟。傳人一保益性命事。編纂一保益性命經法。以方術救一人輕疾。勸止傳播人惡。供養一賢善人。祈福禳災等，但許善願不殺生。救一無力報人之畜命。

白話：勸一人止息訴訟。傳授一人戒殺吃素。編輯有益於生命的文章而成書。用醫學、卜筮、星相等技能來治癒人輕微疾病。勸止傳播別人是非或惡事。供養一賢良、有道德的善人。禮佛拜懺，以功德回向，圓滿善願。救護一隻無力報答救護之恩的畜生。

准三功：

受一橫不嗔。任一謗不辯。受一逆耳言。免一應責人。勸養蠶、獵人、屠人等改業。葬一自死畜類。

白話：遇到一意外之災不生氣。受人毀謗而不辯白。能夠接受忠言逆耳。免除一應受責罰之人。勸導養蠶人、捕魚人、獵人、殺豬宰牛的屠夫，放棄殺生造業的行業。好好安葬自家養的家畜。

准一功：

讚一人善。掩一人惡。勸息一人爭。阻人一非為事。濟一人饑。留無歸人一宿。救一人寒。施藥一服。施行勸濟人書文。誦經一卷。禮懺百拜。誦佛號千聲。講演善法，諭及十人。興事利及十人。拾得遺字一千。飯一

僧。護持僧眾一人。不拒乞人。接濟人畜一時疲頓。見人有憂，善為解慰。肉食人持齋一日。見殺不食。聞殺不食。為己殺不食。作功果薦沉魂。散錢粟衣帛濟人。葬一自死禽類。放一生。救一細微濕化之屬命。還人遺物。不義之財不取。代人完納債負。讓地讓產。勸人出財作種種功德。不負寄托財物。建倉平糶、修造路橋、疏河掘井、修置三寶寺院、造三寶尊像及施香燭燈油等物、施茶水、捨棺木一切方便等事。自「作功果」以下，俱以百錢為一功。

白話：讚揚別人的善行善事。見人行惡應該反躬自省，不可宣揚。以理相勸，止息爭論。阻止別人做一件錯事。救濟一個飢餓的人。留無家可歸之人住一宿。救濟他人免受寒冷。佈施醫藥。讀誦正法經典。真誠心來禮拜懺悔。以清淨心稱頌佛號千聲。講演善法，勸人斷惡修善。興建利人

利己的事，利益達到十人。拾路上字紙，愛惜字紙表現。以飲食供養一位出家僧人。護持一位出家人，令其安心修道。

遇貧窮乞丐，能以恭敬心佈施。遇到人或是畜生，看到其一時疲勞困頓，給予接濟幫助。見到有人憂心的事，給予開解勸慰。發心在一日之中吃素。見到殺動物的情景，就不食此肉。聽到被殺動物的慘叫聲，就不食此肉。常懷慈悲心，不吃專門為自己而殺的肉食品。凡是見已死的飛禽走獸，暴屍荒野，應該協助埋葬。凡是有生命的眾生都應愛護放生。救一微弱細小的濕化類生命。請僧人做超度法事來超度沉淪的孤魂野鬼。廣施錢財、食物、衣服救濟災民。借人財務，若人無力償還，不逼債，饒益他人。拾到他人遺失財物，應歸還失主。不取不仁不義之財。代替無力償還債務的人還債。發生地皮糾紛，讓地讓產。勸導親朋好友一同廣為佈施。受人

188

託付，應嚴守承諾。修橋鋪路，方便行走。疏導河流，不至於淹大水，掘井讓人人有乾淨安全的飲用水。建造修復三寶寺院、造三寶尊像。用香、燭、燈、油物供養三寶或佈施茶水。捐棺木來讓無力辦喪事的人方便安葬。

二、過

准百過：

致一人死。失一婦女節。讚人溺一子女。絕一人嗣。

白話：導致他人死亡。讓婦女失去節操。溺愛子女。斷絕子嗣。

准五十過：

墮一胎。破一人婚。拋一人骸。謀人妻女。致一人流離。致一人軍徒重罪。教人不忠不孝大惡等事。發一言害及百姓。

白話：墮胎。破壞一人婚姻。拋棄一人遺骸。用手段謀奪別人妻女。造成一人流離失所。致使一人獲得充軍的重罪。教人做不忠不惡的壞事。發表傷及百姓的言論。

准三十過：

造謗誣陷一人。摘發一人陰私與行止事。唆一人訟。毀一人戒行。反背師長。抵觸父兄。離間人骨肉。荒年積囤五穀不糶坐索。

白話：存心毀謗陷害他人。揭發他人的陰私。教唆他人訴訟。破壞修

190

行人的清淨修行。背叛師長訓示。頂撞父兄發生衝突。離間他人至親關係。飢荒之年囤積五穀，不肯慷慨救助災民，還趁機坐索厚利。

准十過：

排擠一有德人。薦用一匪人。平人一塚。凌孤逼寡。受畜一失節婦。畜一殺眾生具。惡語向尊親、師長、良儒。修合害人毒藥。非法用刑。毀壞一切正法經典。誦經時，心中雜想惡事。以外道邪法授人。發損德之言。殺一有力報人之畜命。

白話： 排擠壓制有道德的人。推薦用心術不正的壞人。挖掘一人墳墓。侵犯欺壓孤兒寡婦。接受藏匿失去貞節的婦女。收藏或購置殺生用的工具。惡言惡語對父母、師長、善知識。釀造配製害人毒藥。用不正當手

段對人施加刑罰。毀損破壞一切正法經典。讀誦經典時，心生妄念，甚至雜想貪嗔痴等壞事。把外道害人邪法，傳授他人。殺一有能力為人類服務的牲畜。

准五過：

訕謗一切正法經典。見一冤可白不白。遇一病求救不救。阻絕一道路橋梁。編纂一傷化詞傳。造一渾名歌謠。惡口犯平交。殺一無力報人之畜命。非法烹炮生物，使受極苦。

白話：毀謗一切正法經典。見到一冤枉的事可以澄清卻未澄清，或有能力平反冤情卻沒有平反。遇一病人求助而不施援手。阻止斷絕一道路或橋梁的通道。編纂淫穢、有傷風化的書籍。創作有污穢言詞的歌謠。惡口

冒犯平素交友。殺害一己無能力為人類服務的牲畜。殺害生靈，且以殘忍手段烹調，使其受劇痛慘死。

准三過：

嗔一逆耳言。乖一尊卑次。責一不應責人，播一人惡。兩舌離間一人。欺誑一無識。毀人成功。見人有憂，心生暢快。見人失利、失名，心生歡喜。見人富貴，願他貧賤。失意輒怨天尤人。分外營求。

白話：聽到一句逆耳忠言，就會發怒。不講禮節，不作禮讓，不尊長幼有序的道義。責備不應該受到責備的人。傳播一人惡言惡事。挑撥離間一人，使其彼此不再信任。欺負詐騙一個無知無識的人。千方百計破壞妨礙他人成功。看見他人憂慮重重，反而心情暢快。看見別人失去財富，喪

193　附錄

失名譽,心生歡喜。看見富貴者,嫉妒他人,希望別人貧窮困苦。在失意時動輒怨天尤人。對於分外的是,作非分之想,苦心經營,希望得到。

准一過：

沒一人善。唆一人鬥。心中暗舉惡意害人。助人為非一事。見人盜細物不阻。見人憂驚不慰。役人畜,不憐疲頓。不告人取人一針一草。字紙。暴棄五穀天物。負一約。醉犯一人。見人飢寒不救濟。誦經差漏一字句。僧人乞食不與。拒一乞人。食酒肉五辛,誦經登三寶地。服一非法服。食一報人之畜等肉。殺一細微濕化屬命以及覆巢破卵等事。背眾受利,傷用他錢。負貸。負遺。負寄托財物。因公恃勢乞索、巧索,取人一切財物。廢壞三寶尊像以及殿宇、器用等物。斗秤等小出大入。販賣屠刀、

漁網等物。自「背眾受利」以下，俱以百錢為一過。

白話：故意隱藏埋沒一人善行。教唆一人發生鬥毆爭端事件。暗中起惡意想謀害別人。幫助他人為非作歹，作非法不合理的事。看見別人憂慮不安，沒有給予慰藉。對待為自己工作服務的人或牲畜，看見其疲憊勞頓，不生憐憫之心。不告知財物主人，隨意取得一針一草。故意毀壞或拋棄字紙書籍。任意廢棄或粗暴對待五穀雜糧。不講信用，負一約定。飲酒喝醉，失去禮節冒犯一人。遇見飢寒交迫陷於困苦者，不生惻隱之心，不伸援手救助。讀誦經文，注意力不集中，讀錯或漏掉一字一句。遇到出家僧人乞食養生，予以拒絕不供給。拒絕乞丐乞討。飲酒食肉，大量食用五辛食物來誦經念佛或登上佛法僧三寶淨地。衣服不整潔，穿戴不符合自己身分或所處環境服飾。食用對人類有恩的家畜之肉。殺一微弱細小的濕化

類生命,或是傾毀巢窩、破殼取卵等事。於團體中,背著大眾私受財務謀取私利,擅用他人錢財。背信忘義,有負於諾言,不能按期歸還信貸。答應他人囑託,不去履行。見財忘義,負於承諾,將寄託財務占為己有。因公濟私,仗勢欺人去勒索或巧奪他人財寶金銀等物品。廢棄、毀壞佛菩薩聖像及安置佛像僧眾的三寶殿堂樓閣、佛事法會所用法器等。從事買賣行業,缺斤短兩,欺騙顧客。買賣經營屠宰動物的刀具、捕撈水族生物所用的漁網等殺生工具。

附件三
功過格

功過格是中國古代的通俗宗教簿冊,用來記錄個人每日行為的功與過。功過格中明列各項功格(善行)和過格(惡行),逐項以正負數字標示,功過相抵,每月每年檢視其分數。現存最早的功過格,為宋代道教淨明道所造。到明代,經袁了凡、袾宏等人倡導,版本眾多,流行更廣,到近代華人社會仍有流傳。

袁了凡將功過格分成「父母」「夫婦」「心性」「待人」等四大類,不只是行為上的規範,就連思想、心態方面都一併做功過分類,值得令人效仿。

為了讓古老的功過格精神能更貼近現代人的生活與價值觀，我們將袤了凡所劃分的四大類進一步轉化為現代版本：「親子與家庭」「伴侶」「情緒與心念管理」「人際互動」。

這樣的分類不僅更符合當代社會的語境，也能幫助我們以更清晰的方式反思日常行為與內在狀態。例如，「親子與家庭」涵蓋了對父母長輩的孝敬、對子女的關懷與陪伴；「伴侶」則聚焦於親密關係中的尊重、溝通與責任；「情緒與心念管理」則提醒我們要觀照起心動念、保持清明與穩定的內在狀態；「人際互動」則擴及與朋友、同事、陌生人之間的互動是否合於道義與同理心。

藉由這樣的轉化，我們希望將傳統功過觀念落實於當代日常，使其不只是道德勸善的工具，更是一種具體可行的自我成長方法。

記錄方式：在記錄前，可效仿袁了凡向上天宣誓自己會誠實紀錄，每天不會間斷。計算方式則是記錄一天的功與過數字，不用記事蹟，可以每天做小結，再以每月做一次總結。月底時，將本月每天的功過結算出來，成為當月的功過總結。其中，如果有連續保持十五日都做到某項「功」，則外加十功，表示鼓舞；反之，如某項「過」達十五日還無法悔改者，則外加十過，以示懲戒，透過每天填寫功過格來鞭策自己。

功過	週一	週二	週三	週四	週五	週六	週日
功							
過							
功							
過							
功							
過							
功							
過							

項目	功過	週一	週二	週三	週四	週五	週六	週日
親子／家庭	功							
	過							
伴侶	功							
	過							
情緒／心念管理	功							
	過							
人際互動	功							
	過							

功過	週一	週二	週三	週四	週五	週六	週日
功							
過							
功							
過							
功							
過							
功							
過							

項目	功過	週一	週二	週三	週四	週五	週六	週日
親子／家庭	功							
	過							
伴侶	功							
	過							
情緒／心念管理	功							
	過							
人際互動	功							
	過							

眾生系列　JP0236
《了凡四訓》顯化密碼：
斷開命運鎖鏈，全面升級財富、健康、人際的關鍵練習

作　　　　者	／袁了凡
白　　　　話	／湯蕙華
繪　　　　者	／蔡嘉驊
責 任 編 輯	／劉昱伶
封 面 設 計	／兩棵酸梅
內 頁 排 版	／菩薩蠻電腦科技有限公司
業　　　　務	／顏宏紋
印　　　　刷	／韋懋實業有限公司

發　行　人／何飛鵬
事業群總經理／謝至平
總　編　輯／張嘉芳
出　　　版／橡樹林文化
　　　　　　台北市南港區昆陽街16號4樓
　　　　　　電話：886-2-2500-0888 #2736　傳真：886-2-2500-1951
發　　　行／英屬蓋曼群島商家庭傳媒股份有限公司城邦分公司
　　　　　　台北市南港區昆陽街16號8樓
　　　　　　客服專線：02-25007718；02-25007719
　　　　　　24小時傳真專線：02-25001990；02-25001991
　　　　　　服務時間：週一至週五上午09:30-12:00；下午13:30-17:00
　　　　　　劃撥帳號：19863813　戶名：書虫股份有限公司
　　　　　　讀者服務信箱：service@readingclub.com.tw
　　　　　　城邦網址：http://www.cite.com.tw
香港發行所／城邦（香港）出版集團有限公司
　　　　　　香港九龍土瓜灣土瓜灣道86號順聯工業大廈6樓A室
　　　　　　電話：852-25086231　傳真：852-25789337
　　　　　　電子信箱：hkcite@biznetvigator.com
馬新發行所／城邦（馬新）出版集團
　　　　　　Cite（M）Sdn. Bhd.（458372U）
　　　　　　41, Jalan Radin Anum, Bandar Baru Seri Petaling,
　　　　　　57000 Kuala Lumpur, Malaysia.
　　　　　　電話：+6(03)-90563833　傳真：+6(03)-90576622
　　　　　　電子信箱：services@cite.my

一版一刷／2025年8月
ＩＳＢＮ／978-626-7449-99-8（紙本書）
ＩＳＢＮ／978-626-7769-00-3（EPUB）
售　　價／320元

城邦讀書花園
www.cite.com.tw

版權所有‧翻印必究
（本書如有缺頁、破損、倒裝，請寄回更換）

國家圖書館出版品預行編目（CIP）資料

《了凡四訓》顯化密碼：斷開命運鎖鏈，全面升級財富、健康、人際的關鍵練習 / 袁了凡著；湯蕙華譯. -- 初版. -- 臺北市：橡樹林文化出版：英屬蓋曼群島商家庭傳媒股份有限公司城邦分公司發行, 2025.08
面；　公分. --（眾生系列；JP0236）
ISBN 978-626-7449-99-8（平裝）

1.CST: 格言

192.8　　　　　　　　　　　114008508

填寫本書線上回函